21世纪高职高专规划教材·国际经济与贸易系列

国际贸易实务实训教程

李宝柱　编著

中国人民大学出版社

·北京·

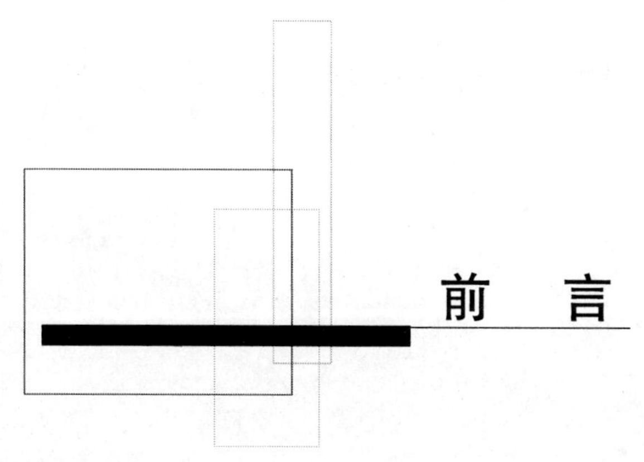

前　言

随着我国外贸体制改革的不断深化，我国已经成为全球最具影响力的贸易大国。加入世界贸易组织后，我国对外贸易得到了更加飞速的发展，对国际贸易人才的需求也与日俱增。国际贸易在这个特殊的发展时期已经成为我国企业走向世界的一个重要途径，它对国际贸易人才的素质也提出了更高的要求。为了加快培养实用型的专业人才，提高学生的实际操作能力，满足企业迫切的需要，我们根据教育部对高职高专课程改革和教材建设的要求，编写了本教材。

本书按照国际贸易实务的操作流程，对进出口合同从订立到最终履行的全过程进行了详细的说明和模拟，力求在理论学习的基础上培养学生的实践操作能力。书中通过大量的实用范例和实际业务模拟建立了实训教学的核心内容。

本书第一、二、三、四、五、六、七、八章由李宝柱（北京联合大学商务学院教师）编写，第九、十章由赵绍全（北京联合大学商务学院教师）、周云（北京农学院教师）编写。

本书可作为高职高专院校国际贸易实务课程的教材，也可以作为进出口业务操作人员的工作指导书及外贸相应岗位工作人员的培训用书。在本书的编写过程中，编者得到了中国人民大学出版社的大力支持与帮助，也参考了其他外贸界老师的研究成果，吸收了很多有益的内容，在此表示衷心感谢。由于各种原因，书中难免存在一些不妥之处，敬请有关专家、读者给予批评指正，我们在此致以诚挚的感谢！

编　者

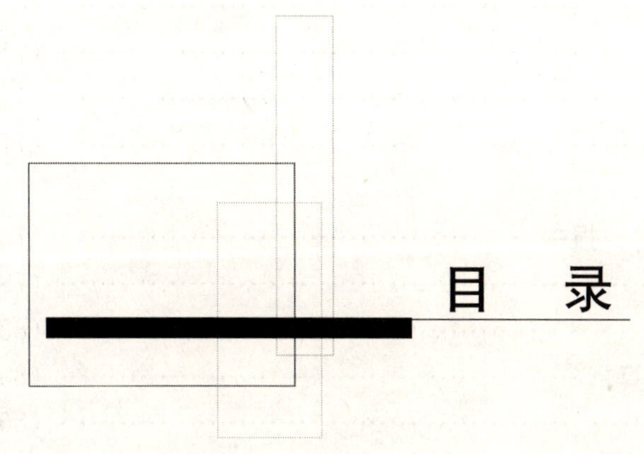

目　录

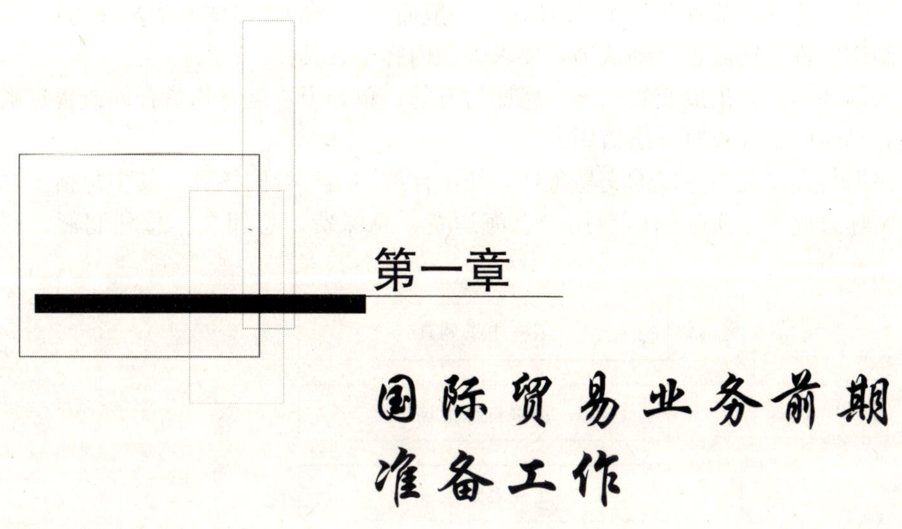

第一章 国际贸易业务前期准备工作

进出口业务的成交大致分为五个环节：询盘、发盘、还盘和再还盘、接受、签订书面合同，这五个环节是相互联系的，但并不一定要逐个经历。其中，发盘和接受是最重要的两个环节，缺一不可。因为一方发盘以后，必须经过对方无条件接受，才可能形成一份对双方都具有约束力的合同。交易双方的权利和义务，一般采用书面形式确定，经双方签字，各执一份，据以执行，这种行为即签订合同。本章将学习如何以书面形式洽谈交易及合同签订过程中应当注意的基本事项。

［实训要点］

1. 能够独立对合同条款进行审核，并订立对己方有利的条款
2. 能够草拟中英文合同

第一节 国际贸易合同签订的基本步骤

一笔国际贸易业务的发生归根结底是由合同派生出来的。合同是其后所有业务活动的执行基础。因此，签订合同是第一步，也是最关键的一步。它的正确与否将影响到全局业务的成败。在交易磋商的过程中，往往是伴随着一系列业务函电往来实现的。

合同是在当事人双方通过磋商取得意见一致的基础上订立的。交易磋商的过程也就是订立合同的过程。对外贸易公司在经过国际市场调查、选定目标市场后，开始与目标客户建立业务关系，并进行具体的交易磋商，主要包括询盘、发盘、还盘与接受四个环节。其中，发盘和接受起决定性作用，也是订立合同的必要的和基本的法律程序。为了

明确交易双方的权利和义务，一般采用书面形式确定下来，经双方签字，各执一份，据以执行。国际贸易基本流程如图 1—1 所示。一般而言，合同签订的基本步骤为：

（1）制作售货合同或售货确认书，要求条款内容全面具体。

（2）向国外客户寄出成交签约函，感谢对方的订单，说明随寄售货合同或售货确认书，催促其迅速回签并及时开出信用证。

（3）根据与客户最终达成的交易条件，作出仔细的出口合同核算，其中包括：总成交金额、实际总成本、实际国内费用、总海运费、总保费、总佣金、总利润额、利润率。

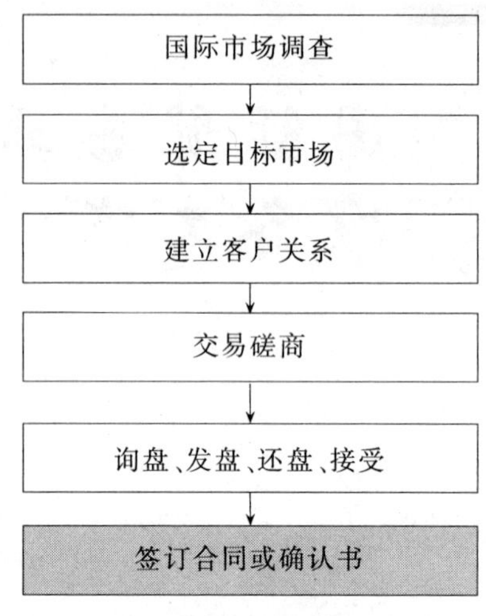

图 1—1　国际贸易基本流程图

第二节　寻找市场、产品及交易对象

在交易开始前，我们通常要考虑产品销到哪个市场、价格怎样、竞争状况如何、怎样销售等问题，这就要求我们加强对国际市场的调查研究，通过各种途径广泛了解产品和市场情况，以便从中选择适当的产品和市场，并有针对性地制定适当的策略。

作为贸易商，我们可以通过以下途径来了解客户资料：

（1）驻外使馆商务参赞处，商会，商务办事处，银行，货物代理等；

（2）企业名录，传媒广告，互联网；

（3）交易会，展览会；

（4）市场调查。

一、通过互联网寻找客户

随着互联网的飞速发展，面对巨大而又不断变化的信息库，如何快速准确地找到自己需要的信息已经变得越来越重要了。搜索引擎提供了解决这一问题的方法。

（一）什么是搜索引擎

所谓搜索引擎，就是在互联网上执行信息搜索的专门站点，它们可以对主页进行分类与搜索。如果输入一个特定的搜索词，搜索引擎就会自动进入索引清单，将所有与搜索词相匹配的内容找出，并显示一个指向存放这些信息的链接清单。

目前，互联网中有一些著名的搜索引擎，例如 Google、Yahoo、Baidu 等。掌握它们的使用方法，对提高搜索效率很有帮助。现在互联网上大量的信息以英文形式出现，因此，对于上网的中国人来说，需要有熟悉的中文搜索引擎来指路。常用的中文搜索引擎都收录了上万个中文的互联网站点，其友好的中文界面很受欢迎。

（二）使用搜索引擎

首先启动浏览器，在地址栏中输入要访问站点的网址或其中文名称。使用搜索引擎需注意以下几个方面：

（1）提炼搜索关键词。毋庸置疑，选择正确的关键词是一切的开始。学会从复杂搜索意图中提炼出最具代表性和指示性的关键词对提高信息查询效率至关重要，这方面的技巧（或者说经验）是所有搜索技巧之母。众所周知，要在搜索引擎上搜索信息首先必须输入关键词，关键词是搜索的开始。大部分情况下找不到所需的信息是因为在关键词选择方向上发生了偏移。

选择搜索关键词的原则是，首先确定你所要达到的目标，在脑子里要形成一个比较清晰的概念，即你要找的到底是资料性的文档还是某种产品或服务，然后再分析这些信息都有什么共性，以及区别于其他同类信息的特性，最后从这些方向性的概念中提炼出此类信息最具代表性的关键词。如果这一步做好了，往往就能迅速定位你要找的东西，而且多数时候你根本不需要用到其他更复杂的搜索技巧。

关键词的选择有时还是需要动一番脑筋的，难就难在如何找到某一类 Web 文档的关键特点，并进行创造性的特性发掘。一开始可能有点摸不着方向，但当大家了解了这种思考方法，再加上平常搜索时的多次实践，搜索关键词的提炼最终会成为你下意识的一种反应。

（2）细化搜索条件。搜索条件越具体，搜索引擎返回的结果就越精确，有时多输入一两个关键词效果就完全不同，这是搜索的基本技巧之一。

由于中英文在词语排列上的差异（英文词与词之间有空格隔开，而中文则没有），使得中文关键词成为搜索引擎的一大挑战。虽然目前支持中文搜索的引擎在关键词方面已做得相当出色，但求其完美无缺也不太现实。因此，在搜索关键词较多的情况下，建议主动将中文字词之间用空格隔开，以避免过多的无效搜索。此外，一些功能词汇和太常用的名词，如对英文中的“and”、“how”、“what”、“web”、“homepage”和中文中的“的”、“地”、“和”等，搜索引擎是不支持的。这些词被称为停用词（Stop Words）或过滤词（Filter Words），在搜索时这些词都将被搜索引擎忽略。

（3）用好逻辑命令。搜索逻辑命令通常是指布尔命令“AND”、“OR”、“NOT”及与之对应的“＋”、“－”等逻辑符号命令。用好这些命令同样可使我们日常搜索应用达到事半功倍的效果。搜索引擎基本上都支持附加逻辑命令查询，常用的是“＋”号和“－”号，“＋”号（AND）用于在搜索中指定涵盖某项内容，而“－”号（NOT）则用来从结果中排除某项内容。

（4）精确匹配搜索。精确匹配搜索也是缩小搜索结果范围的有力工具，它可用来完成某些其他方式无法完成的搜索任务。除利用前面提到的逻辑命令来缩小查询范围外，还可使用引号强制搜索引擎将某些词如停用词作为短语的一部分进行搜索。注意引号应为英文字符。虽然现在一些搜索引擎已支持中文标点符号，但顾及其他引擎，最好养成使用英文字符的习惯来进行精确匹配查询（也称短语搜索）。

（5）特殊搜索命令。除一般搜索功能外，搜索引擎还提供一些特殊搜索命令，以满足高阶用户的特殊需求。比如查询指向某网站的外部链接和某网站内所有相关网页的功能等。这些命令虽不常用，但当有这方面搜索需求时，它们就大派用场了。对普通用户而言，熟练掌握前面介绍的几种搜索技巧就已经足够了。但有时我们难免会有一些特殊的需求，而搜索引擎也支持一些特殊的搜索命令，以方便我们精确定位所需信息。常见的有以下几种。

1）标题搜索：多数搜索引擎都支持针对网页标题的搜索，命令是“title:”，在 Yahoo 中是“t:”（注意冒号为英文字符且后面不跟空格）。

2）网站搜索：我们可以针对网站进行搜索，命令是“site:”（Google）、“host:”（AltaVista）。

3）链接搜索。在一些搜索引擎中，用户均可通过“link:”命令来查找某网站的外部导入链接（inbound links）。你可以用这个命令来查看是谁以及有多少网站与你做了链接。

（6）附加搜索功能。为方便查询信息，各搜索引擎还提供了其他一些附加搜索功能（部分可在搜索引擎的高级搜索页面中选择）。

1）单词衍生：当输入“thought”时，如果选择了此功能，搜索引擎除以“thought”为条件搜索外，还会以“think”、“thinking”等同词根的词进行查询。

2）网页快照：直接从引擎数据库缓存中调出该网页的存档文件，方便用户在预览网页内容后决定是否访问该网站，或是在对应网页发生变动时查看原始页面。通常缓存中保存的是网页的文字部分，图像等多媒体元素还是要实时从对应的网站上下载。与其他附加功能相比，“网页快照”还是相当实用的。

3）网站内部查询：当你找到某个网页，搜索引擎提供查询该网站其他页面的功能。类似“site:”、“host:”等命令。

4）横向相关查询。当用户找到某个感兴趣的网页，搜索引擎提供查询内容近似的其他网页的功能（不限于同一网站）。

5）概念延伸查询。以某个关键词查询时，搜索引擎列出相关领域的其他搜索条件供你选择。

除上述功能外，现在搜索引擎都纷纷开始提供分类搜索，如新闻搜索、图像搜索、新闻组搜索、Flash 搜索等，不一而足。搜索引擎毕竟只是我们信息查询的一种工具，除非你想成为信息搜索专家，否则掌握基本的搜索技能并将之巧加运用就足以应付我们日常的需要了。

搜索引擎不同，工作方式也不同，因而导致了信息覆盖范围方面的差异。我们平常搜索如果仅集中于某一家搜索引擎是不明智的，因为再好的搜索引擎也有局限性，合理的方式应该是根据具体要求选择不同的引擎。

我们日常信息需求大致可分为两种，一种是寻找参考资料，另一种是查询产品或服务，那么对应的搜索引擎选择就应该是全文搜索引擎和目录索引。

对前一种需求来说，由于目标非常具体，而目录索引中链接条目所容纳的信息量有限，无法满足我们的要求，因此全文搜索引擎便自然成了我们的选择。按照全文搜索引擎的工作原理，它从网页中提取所有的文字信息，所以匹配搜索条件的范围就大得多，也就能满足哪怕是最不着边际的信息需求，这也就是现在多数目录索引都采用其他全文搜索引擎提供二级网页搜索的原因。

相反，如果我们找的是某种产品或服务，那么目录索引就略占优势，因为网站在提交目录索引时都被要求提供站点标题和描述，且限制字数，所以网站所有者会用最精练的语言概括自己的业务范围，让人一目了然。而多数全文搜索引擎直接提取网页标题和正文作为链接的标题和描述。用过全文搜索引擎的人都有这样的体会，就是搜索结果显示的信息往往过于杂乱，让人无法一眼就判断出该网站的性质。

二、通过展会寻找客户

展会是指在预先安排的环境中，不同国家的企业向潜在顾客展示它们的产品或服务。商品展览和商品交易之间的区别在于规模不同。交易会一般比其他贸易活动有更多的参加者，能够把更多的相关产业集中到一起。

在国内展览展示方式主要有三种：政府部门、行业协会和展览公司组织的各类博览会、展览会；企业自行组织的各类展览会、展示会、新产品发布会和看样订货会；企业常设展示厅、陈列室。通过展会寻找客户需注意以下几个方面。

（一）参展前的准备

在展会开始前，需准备精美的宣传材料。宣传材料要做到图文并茂、雅俗共赏，运用文字、图表、影像、声音等多种表现形式展示企业形象。展示现场还要有讲解、交谈、演示、报告等动态沟通。

对展览展示板或空间要精心装饰布置，其装饰风格应符合产品个性和企业理念，与企业形象相适应。

选择高素质的营销人员主持展示会，对其进行良好的公共关系培训，重要的展示会可配备专职公关员。

准备合适的公关和促销的小礼物，如手提袋、钥匙链等。

（二）参展的原则

参加展览会和交易会虽然是企业经营的重要内容，但企业应坚持少而精的原则，有选择地参加。参加展览展示会要精心策划、独特新颖，以便在众多参展商中脱颖而出。要引起参展观众尤其是新闻界的极大注意，扩大影响。

参加或组织展览展示会费用较大，应事先做好费用预算和控制。

（三）参展的好处

随着对外经济交往的逐步扩大，国外形形色色的展览会吸引了众多欲走出国门将产品技术销到海外去的企业。作为国际商贸活动的一种重要形式，国内企业参加国外举办的展览有如下好处：

（1）扩大商务接触面，开阔视野，启发思路；

（2）货比三家，寻求最佳的供货厂商与合作对象；

（3）直接面对客户，便于寻求客户和商贸机会开拓国际市场；

（4）直接订货，免去寻求海外客户与市场的中间环节，花费最少，时效最高。

（四）到国外参展的途径及注意事项

目前，我国企业出国展览已形成了一些热点，如法兰克福春秋季消费品博览会、科隆五金制品展览会、米兰马契夫展览会、芝加哥五金展览会、迪拜春秋季国际博览会等，其中，机械、电子类展览参展比例最高。在我国企业出国展览的60个国家中，德国是参展项目最多的国家。欧洲、北美、日本是我国出国经贸展览的传统市场，目前也正在开拓亚洲、非洲、拉美、东欧和独联体市场。

企业在到国外参加展览之前，必须由经国家批准的有出展权的主办单位来组织。这样的主办单位全国有 200 家，包括贸促会系统（地方分会与行业分会）、各地经贸委、大型外贸、工贸总公司、大型商会等。一般单位可通过这些主办单位的全年组展计划了解可出国参加哪些展会。

在选择参展地点时，应注意以下几点：

（1）企业选择展览会应和自身的营销、出口目标结合起来。一般来说，参加专业性的大型有影响的展览会要比综合性的博览会效果好些。

（2）由于展会专业细分化程度越来越高，企业参展的展品应注意和展览会的主题相一致。

（3）参展人员应为懂外语的业务人员，以利于谈判。

（4）应将样品、样本、货单及宣传材料准备齐全，如有条件，应在参展前对目标客户发出来参观自己的展台的邀请，以取得更好的效果。

（五）国外参展主要地区

欧洲、美国、日本作为与我国贸易量最大的地区与国家，也是我国企业出国展览集中的地区。2007 年，我国企业出国展览项目最多的国家中，德国以 73 项位居第一位，远远超过位列第二和第三的美国（51 项）和日本（19 项）。欧洲已成为我国企业出国办展览最集中的地区。

1. 中国企业到欧洲去办展览的四大理由

（1）展会的成败最主要在于观众的质量，欧洲展的绝大部分是普通观众不能入内的专业展，专业观众包括贸易商、采购商、批发商、科研教育人士、官员等，素质高，很多都能参与企业的决策。

（2）国际化程度高，辐射全球，如科隆展览会有 50%的展商和 30%的观众来自国外，高度国际化使欧洲展会成为国际商业活动的重心。

（3）展会组织与服务高度专业化。

（4）展期短（一般为 3 至 6 天），可减少企业费用负担。

2. 主要欧洲展会特点

德国、法国和意大利作为中国企业参展最多的欧洲国家，位列中国企业出国展览项目最多的 10 个国家之中。

（1）德国。国际上具有领先地位的博览会约有 2/3 在德国举行，即德国每年承办 130 个国际国内专业博览会。德国举办博览会的城市有 20 多个，其中，中国企业参展最多的有科隆、汉诺威等。

德国科隆国际博览会是中国企业参展最多的博览会，迄今为止来自中国的 800 家参展商和3 500名专业观众定期参加科隆博览会，参展面积达8 000多平方米。

德国汉诺威展览会拥有世界上最大的展览场地，总占地 100 多万平方米。汉诺威是世界展览会的发源地，已有 800 年举办展览的历史，由于地处德国东部，其面向东欧市场的独特优势更有利于中国企业参与。

（2）法国。法国每年举办全国性国内展和国际展览约有 175 个，其中专业展 120 个左右。法国大型展览会的国际参与程度正在不断提高，有些世界著名的展会，其国外参展商超过总参展商的 50%。与德国由展馆自己组织展会的形式不同，法国的展览会采取展馆与展览组织分离的形式。

（3）意大利。意大利是中国企业到欧洲参展的第二大国，2006 年有 17 个展览项目有中国企业参展。米兰是重要的展览城市。

第三节 资信调查

一、资信调查的意义

卖方在审慎选择客户的同时，须对客户进行深入的资信调查，这是对客户进行把关的第一步。在国际贸易中，因贸易双方发生索赔纠纷、履约发生阻碍或收回货款方面发生阻碍，而使一方遭受风险及损失，都与不了解贸易对方的资信情况有直接关系。进行资信调查（Credit Investigation）对于国际贸易的顺利进行有着重要作用，具体表现在以下两个方面：

（1）有助于选定信用良好的顾客。

（2）了解对方的信用程度，在D/P、D/A及寄售条件的交易中，可以测定给予赊账的限额与现存契约限额，确保安全。

需要注意的是，即使在与对方缔结了交易关系后，也应定期作资信调查，以便经常了解对方的资信情况。

二、资信调查的方式

资信调查的方式很多，常用的主要包括以下几种：

（1）通过国内往来银行，向对方的往来银行调查。这种调查通常是拟好文稿，附上调查对象的资料，寄给往来银行。

（2）直接向对方的往来银行调查。将文稿和调查对象的资料直接寄给对方的往来银行。资料可用简洁文句表述。

（3）通过国内的咨询机构调查。

（4）通过国外的咨询机构调查。国外有名的资信机构，不仅组织庞大，效率高，而且调查报告详细且准确。其调查报告按估计财力与综合信用评价分为High，Good，Fair，Limited四个等级。

（5）通过国外商会调查。

（6）通过我国驻外商务机构调查。

（7）通过国外的亲朋调查。

（8）由对方来函自己判断调查。

（9）要求对方直接提供资信资料。

三、资信调查的内容

资信调查的内容包括厂商企业的组织情况、往来对象的性格和道德水平、贸易经验、资信情况、经营范围、经营能力、往来银行名称等。

（1）厂商企业的组织情况包括公司、商号的组织性质、创建历史、主要领导人员、分支机构。要弄清公司的英文名称及公司是有限的还是无限的。可以从政府公司注册机构、劳工部、税务局、银行、信用评估机构拿到相关资料，这些资料的取得通常是需要交费的，且只能是有调查资格的机构才能获得资料。资料主要包括：公司注册时间、地点、法人代表、股东名单、公司资金往来、贷款和债务余额、交税及退税额、经营范围等。在取得这些资料后，还可以分析该公司在行业内的竞争地位、主要对手、债务风险评估等。

（2）往来对象的性格和道德水平。贸易往来对象诚实可靠是交易成功的基础。在国际贸易中，如果遇到不可靠的贸易对象，就难免出现货物的品质不良、开立与合同不符的信用证、延交货物等情况。

（3）贸易经验。一个具有国际贸易经验的贸易对象至关重要。

（4）资信情况。所调查对方的资信情况包括企业的资金和信用两方面。资金指的是企业的注册资金、实收资金、公积金、其他财产及资产债务的情况等。信用是指企业的经营作风、履约守信等情况。这些情况在对客户要求做经销、代理、独家包销、寄售等业务作出决定时是十分重要的。通过银行调查是最常见的一种方式，在我国一般是委托中国银行，由中国银行根据具体要求，通过国外的分支机构或其他往来银行在当地进行调查。

（5）经营范围。调查对方的经营范围也很重要，同时还要调查对方经营的性质，如代理商、零售商、批发商、实际用户等。

（6）经营能力。经营能力包括该企业每年的经营金额、销售渠道、贸易关系、经营手法。

（7）往来银行名称。了解对方往来银行的名称、地址同样重要。

四、资信调查的对象

资信调查的对象分为以下两种情况：

（1）调查国外卖方（包括出口商和制造商）。在进口业务中，很容易出现下述几种不利的情况：货物的品质规格与合同不符；货物的品质不良；不正常的拖延装船；遇到价格上涨趋势故意不履行契约等。所以，对国外供应商的调查对进口业务十分重要。

（2）调查国外买方。在出口业务中，国外买方即使使用开立信用证的支付方式，也有很多信用风险。例如，当交易的产品价格下跌时，买方任意决定“不开立信用证”，虽然开立信用证的直接当事人是买方的往来银行（开证行），但是买方未向开证行交付开证申请，我国出口公司也不会指控对方的银行，所以，像这种情况，就属典型的买方违约。再如，有些国外买方，无商业道德和信用，故意开立与合同不符的但仅对自己有利的信用证，这就会给卖方带来一定的损失。

第四节　合同签订实例

一、建立业务关系（to Establish Business Relations）

进出口业务关系的建立主要是通过信函、电传及电子邮件完成，它们是国际货物买卖磋商的主要载体。无论是何种形式，其目的都是为了有效传递商务信息。因此，函电应简洁、明晰、完整，体现成熟的业务思维。一封建交函电应包括以下内容：

（1）信息来源，即如何获得对方资料。

（2）致函目的，一般应为欲扩大交易地区及对象、建立长期业务关系、拓宽产品销路等。

（3）公司自述，对自身公司性质、业务范围、宗旨、优势等作介绍。

（4）产品介绍，推荐性介绍和较为笼统的介绍，并随附目录、报价单、样品等以供参考。

（5）结尾，希望对方给予回应，或立即采取行动。

整个信函语气要友好、礼貌，具体可参考示例1—1。

示例1—1

China National Food Stuffs
Imp. & Exp. Corp., Dalian Branch
19 Ren'min Road
ZhongShan District
Dalian/China
June. 1, 2004

ABC TRADING Co. Ltd.
6 AKALAHOMA AVENUE
OSAKA, JAPAN.

Dear Sirs,

Through the courtesy of our Commercial Counselor's Office in Japan, we notice that you are interested in doing business with us.

Our lines are mainly exp. & imp. of food stuffs. We wish to establish business relations by some practical transactions. To give you a general idea of the various kinds of textiles now available for exp., we are enclosing a catalogue and a price list for your information. We would appreciate receiving your specific enquiries.

We look forward to receiving your good news.

Yours faithfully,
(signature)

二、询盘（Enquiry）

询盘是交易一方向另一方通过口头或函电方式发出的，是想购买或想出售某项商品的一种表示，是买卖双方磋商交易的开始。询盘有时只说明所要买卖商品的范围，目的是要对方进一步介绍情况，有时也会指定具体的商品，甚至连数量、包装、交货期都明确提出，要求对方报价或递价。

询盘对询盘人没有约束力，但我们在询盘时仍要注意策略。一是询盘的范围既不能过窄，也不能过宽。过窄难于了解国外市场情况，过宽则会引起市场价格波动。二是询盘的内容既要能使客户进行工作，提供报盘资料，又要防止过早透露采购数量、价格等意图，那样容易被客户摸到底细。在书面洽谈的交易方式中，询盘还应注明编号以加速国外复电、复函的传递，并说明应报货价的种类和价格条件，对于商品品种、规格、型号、技术要求务尽其详，以免进口商品不符合要求。询盘的函电，应以简明切题和礼貌诚恳为原则，以求对方能够很高兴地迅速作出报盘回应。具体可参考示例1—2。

示例 1—2

ABC. Trade Co.
Add.：6 AKALAHOMA AVENUE，
OSAKA，JAPAN
June3，2004

Dear Sirs，

We are pleased to note from your fax of June 1 that as exporters of food stuffs，you are interested in establishing business relations with us，which is also our desire.

At present，we are in the market for superior white sugar，and shall be glad to receive your best quotations for them，with indications of packing，for Aug. shipment，CIF Osaka，including our commission of 2%.

We await your early reply.

Yours faithfully，
（signature）

三、发盘（Offer）

发盘是交易一方向另一方就某项商品的出售或购买，愿意按一定交易条件和贸易方式成交订约的表示。一个有效的发盘其内容必须明确，发盘提出的重要交易条件必须完备，发盘所表明的态度应是终局的。发盘的交易条件可采用分条列项的形式写出，这样看来醒目清楚。

（一）审核发盘

我们在收到国外客户针对我方询盘所发来的报盘或发盘后，应进行审核和比价工作。审核的要点包括以下几个方面：

（1）审核报盘的种类。审核国外来盘是实盘还是虚盘，如属实盘，就不要错失良机，应在有效期内答复。

（2）审核报盘的内容。审核商品的规格、数量是否符合用货部门的要求，所报价格条件和所使用购货币能否被我方接受等。

（3）审核交货期限是否符合用货部门生产上的需要。

（4）其他应审核的内容。比价是指对国外来的几个发盘，认真研究对比。如对商品品质、数量、包装、交货条件相同的发盘进行价格比较，对各种不同交易条件的发盘进行综合分析比较，将同一商品过去的成交价与现行的市价相比较。同时，还要注意不同品质的差价、不同成交数量的差价、不同销售季节的差价以及汇率的变化。

（二）发盘函电的内容

进出口商通常会在两种情况下发盘，一是直接向客户发盘，二是收到客户询盘后作出答复。由于场景不同，两者的拟写技巧也有所区别。前者要多考虑发盘的完整性和吸引力；后者则要注意针对性，必须以对方感兴趣或符合对方要求的商品货号为中心，做到有的放矢。完整准确地拟写发盘函可以避免争议，有利于缩短交易磋商时间，尽快达成协议。一封规范的发盘函应包括如下几个方面：

（1）若是在收到询盘后的发盘，我们通常需要在开头表示感谢。

（2）准确阐明各项主要交易条件，一般包括品名、规格、价格、数量、包装、装运、付款、保险等要件，或针对询盘中提出的其他问题作具体回复。

（3）声明此发盘的有效期及其他约束条件。目的是为了防止日后的争议，并催促对方早下订单。

（4）鼓励对方订货并保证供货满意。

（5）在适当的情况下，可以对产品的优点作进一步的阐述和强调。

由于发盘是具有法律约束力的，所以需特别注意其准确性和完整性，具体参考示例1—3。

示例 1—3

June6，2004

Re：SWC Sugar

Dear Sirs，

We have received your letter of June 3，asking us to offer you the RWC Sugar has received our immediate attention. We are pleased to be told that there are very brisk demands for our products in Japan.

In compliance with your request，we are making you the following offer subject to our final confirmation.

1. Commodity：Dalian Superior White Crystal Sugar.

2. Packing：To be packed in new gunny bag of 100 kgs each.

3. Quantity：10，000m. t.

4. Price：U. S. dollars one hundred and twenty（US $120.00）per m. t. CIF C2% Osaka.

5. Payment：By confirmed，irrevocable L/C payable by draft at sight.

6. Shipment：in Aug. 2004.

We hope the above will be acceptable to you and await with interest your early order. Our offer remains effective until June 30，2004.

Yours faithfully，

（signature）

四、还盘（Counter-offer）

还盘是对原发盘的否定和重新修改，通俗地讲，就是买卖交易中你来我往的讨价还价过程，其中包括降低价格、改变支付方式、改变交货期等。交易可以多次还盘与反还盘。

在经过对数个发盘的审核和比价之后，就可以有针对性地还盘。还盘是指受盘人收到发盘后，经过比价，对发盘的内容不同意或不完全同意，为了进一步洽商交易，面向发盘人提出修改建议或新的限制性条件的口头或书面表示。在我国的进口业务中，我方一经还盘，原发盘即失去效力，发盘人不再受其约束，一项还盘等于是受盘人向原发盘人提出的一项新的发盘。还盘可以是还价，也可以是改变其他交易条件，如改变支付条件、改变贸易术语、提高佣金和折扣等，使各种交易条件对我方更有利。

一封完整的还盘应包括以下内容：

（1）确认对方来函，礼节性地感谢对方来函，并简洁地表明我方对来函的总体态度。

（2）强调发盘条件的合理性并列明理由，如出口可强调符合市场价格、品质优良、利润已降至最低、原料上涨、人工成本提升，进口可强调订货量大、付款条件优惠等。

（3）提出我方条件，并催促订单、发货。须使用具有说服力的语言，如数量折扣、优惠的付款方式、较早的交货期等，吸引订货或发货。若不能接受对方的条件，则推荐其他替代品，寻求新的商机或委婉暂停交易，保持客户关系。

还盘函电具体可参考示例 1—4、示例 1—5。

示例 1—4

June 8，2004

Dear Sirs，

We have received your offer of today with thanks.

In reply，we very much regret to state that we find your price rather high and out of line with the prevailing market level.

Information indicates that very good SWC Sugar is available in our market from several European manufacturers，all of them are at prices from 10%～15% below yours. So if you should reduce your price by，say，5%，we might come to terms.

As the market is declining，we hope you will consider our counter-offer most favourably and inform us at your earliest convenience.

We are looking forward to your early reply.

Yours sincerely，

(signature)

示例 1—5

June 11，2004

Dare Sirs，

Re：SWC Sugar

We learn from your fax of today that our price is found to be on the high side.

We very much regret to say that there is no possibility of our cutting the price by 5%. In those days，we have received a crowd of inquiries from buyers in other di
—

rections and expect to close business at something near our level. At present, we cannot see our way to entertain your counter-offer.

If later on you can see any chance to do better, please let us know.

We assure you that your enquiries will receive our immediate attention.

Yours truly,

(signature)

五、接受（Acceptance）

接受是交易的一方通过口头或函电方式，无条件地同意对方在发盘或还盘中所提的交易条件和按此订立合同的一种表示。接受生效的时间，也是合同成立的时间，双方就须分别履行所承担的责任和义务。具体内容可参考示例 1—6。

示例 1—6

June 16，2004

Dear Sirs,

We have received your fax of June 11，2004.

After due consideration, we have pleasue in confirming the following offer and accepting it:

1. Commodity: Dalian Superior White Crystal Sugar.
2. Packing: To be packed in new gunny bag of 100 kgs each.
3. Quantity: 10 000 MT.
4. Price: U. S. dollars one hundred and twenty (US $120.00) per m. t. CIF C2% Osaka.
5. Payment: By confirmed, irrevocable L/C payable by draft at sight.
6. Shipment: in Aug. 2004.

Please send us a contract and thank you for your cooperation.

Yours sincerely,

(signature)

六、签订书面合同（to Sign The Contract）

签订书面合同是进出口磋商的最后环节，它的订立标志着买卖双方磋商交易阶段的结束。寄合同的函，一般要先说明制作合同的依据，即双方磋商中关键函电的内容，然后说明所寄合同的编号及份数，提醒对方仔细审阅合同条款，如发现问题及时提出，最后退回一份归档。具体内容可参考示例 1—7。

示例 1—7

June 17，2004

Dear Sirs，

With reference to our exchanged faxes，we come to a deal on SWC Sugar of 10，000 m. t. at the price of US ＄120 per m. t. CIFC2％ Osaka for shipment in Aug. We are enclosing two copies of contract No. 04AAY1015. If it's agreeable，please sign and return one of them for our file.

Encl.：Contract No. 04AAY1015 in duplicate.

Yours sincerely，
(signature)

第五节　国际贸易合同的形式与内容

一、国际贸易合同的形式

国际货物买卖合同一般金额大，内容繁杂，有效期长，因此许多国家的法律要求采用书面形式。但英、德、法等国的法律对一般货物买卖合同都不要求具备一定形式。联合国《国际货物销售合同公约》也规定销售合同在形式方面不受任何限制。但是根据我国法律规定，对外贸易合同必须采用书面形式。

常见的书面形式有正式的合同（Contract）、确认书（Confirmation）、协议（书）（Agreement）、备忘录（Memorandum）、订单（Order）、委托订购单（Indent）等。目前，我国主要使用正式合同和确认书两种，它们分别适应不同的需要而被采用，虽然在格式上、条款项目上和内容的繁简上有所不同，但在法律上具有同等效力，对买卖双方均有约束力。

买卖双方可以通过不同的方式及条件达成合同意愿，如：

（1）通过谈判直接成交而签订正式合同。例如：Import Contract，Export Contract，Purchase Contract，Sales Contract 等。

（2）通过信件、传真达成协议，应一方或双方当事人的要求，尚须签订确认书的合同。例如 Sales Confirmation，Purchase Confirmation 等。

（3）通过信件、传真达成协议，即以发盘、还盘及有效接受的往来函电作为合同的基础。

除书面协议外，还包括经国家主管部门批准的合同，如技术引进或输出合同、补偿贸易合同、来料加工合同、来件装配合同等，一般的国际货物买卖合同无须国家主管部门批准即可成立生效。

无论哪一种情况，都不外乎上面提到的合同和确认书这两种形式。

（一）正式合同

在签订正式合同时，不仅要对商品的质量、数量、包装、价格、保险、运输及支付方式加以明确规定，而且对检验条款、不可抗力条款、仲裁条款都应详尽列明，明确地划分双方的权利和义务。为了明确责任、避免争议，合同内容应该全面详细，对双方的权利、义务以及发生争议的处理均须有详细规定，使用的文字应为第三人称语气。根据合同起草人的不同，合同分为售货合同（Sales Contract）和购货合同（Purchase Contact），前者由卖方起草，后者由买方起草，一般各公司会以固定格式印刷（有的制成表格），成交后，由业务员按双方谈定的交易条件逐项填写并经有权人签字，然后寄交对方审核签字。合同一般为一式两份，一份供对方自留，一份经对方签字认可后寄回。

（二）确认书

一般而言，确认书只规定一些主要条款，诸如质量、数量、包装、价格、支付方式等，而对检验、不可抗力、仲裁条款加以省略。确认书是合同的简化形式，使用的文字为第一人称语气。这种确认书一般用于一些成交金额不大、批次较多的轻工日用品、小土特产品，或已有包销、代理等长期协议的交易。根据起草人的不同，确认书分为售货确认书（Sales Confirmation）和购货确认书（Purchase confirmation）。双方建立业务关系时，有时已经订有一般交易条件，如对洽谈内容较复杂的交易，往往先签订一个初步协议（Premium agreement），或先签订备忘录（Memorandum），把双方已商定的条件确定下来，其余条件以后再行洽商。在这种情况下，可采用确认书的方式，将已签协议作为该确认书的一个附件。现使用的简式确认书多没有仲裁、不可抗力、异议索赔条款等，往往在意外发生时易造成纠纷，因此建议补加此类条款。

二、国际贸易合同的内容

国际贸易合同的内容一般由约首、本文、约尾三部分组成。

（一）约首（Preamble）

约首是合同的序言部分，主要是合同的序号，订立合同的日期、地点、双方名称、地址（包括通信地址、住址、电报挂号、电传号码、电话号码等）。其中，当事人双方的名称和法定详细地址往往是合同成立的条件，缔约地点可作为判断合同适用法律的依据。因为合同中如对合同适用的法律未作出规定时，根据有些国家的法律规定和贸易习惯的解释，可适用合同缔约地所在国家的法律。

（二）本文（Body）

本文是合同的主体部分。这部分规定了双方的权利和义务，包括合同的各项条款，如货物名称、品质规定、数量、包装、单价和总值、交货期、装运港和目的港、支付方式、保险条款、索赔条款、仲裁条款、不可抗力条款等。其中，后面三项一经双方谈妥，在以后的交易中很少变动，往往在合同中以印好的形式固定下来。此外，根据不同货物和不同交易情况，有时会加列其他条款，如保值条款、溢短装条款、品质公差条款以及合同适用的法律等。在大宗或成交额较大或重要的成套机械设备买卖合同中，销售合同的内容比较全面、详细。对于成交额不大、批量较多的小土产、轻工业品以及交易双方已订有包销、代理等长期协议或一些内容比较简单的合同，通常不订索赔条款。

1. 标的物条款（Subject Matter Clause）

标的物条款又称为商品条款，订明货物名称、品质、规格、数量、包装等。

(1) 货物的品质规格条款。

货物的品质规格是指商品所具有的内在质量与外观形态。在国际贸易中，商品的品质首先应符合合同的要求，对于某些由国家制定了品质标准的商品，如某些食品、药物的进出口，其品质还必须符合国家的有关规定。品质条款的主要内容是品名、规格或牌名。

合同中规定确定商品品质规格的方法有两种：凭样品或凭文字与图样。

在凭样品确定商品品质的合同中，无论是凭买方样品还是卖方根据买方样品所制图样成交，卖方都要承担交货品质必须同样品完全一致的责任。为避免发生争议，合同中应注明“品质与样品大致相同”。凭样品成交适用于从外观上即可确定商品品质的交易。

凭文字与图样确定商品品质的买卖包括凭规格、等级或标准的买卖，凭说明书的买卖以及凭商标牌号或产地的买卖。如果表示商品的质量的主要指标（如大小、长短、粗细等）可以标准化、规格化，则只需在合同中注明商品的等级标准、规格，不必凭样品成交。对于附有图样、说明书的合同，要注明图纸、说明书的法律效力。合同中仅以商标、牌号或产地表示商品品质的产品，只能是那些品质优良、稳定或具有特色、在国际市场上已拥有良好声誉的产品。

(2) 货物的数量条款。

数量是指用一定的度量衡制度表示出的商品的重量、个数、长度、面积、容积等。数量条款的主要内容是交货数量、计量单位与计量方法。

制定数量条款时应注意明确计量单位和度量衡制度。如重量要写明是公吨、长吨（英吨）还是短吨（美吨），毛重还是净重，长度是米还是英尺等。在数量方面，合同通常规定有“约数”，但对“约数”的解释容易发生争议，故应在合同中增订“溢短装条款”（More or Less Clause），明确规定溢短装幅度，如“东北大豆500公吨、溢短装3%”，同时规定溢短装的作价方法。

(3) 货物的包装条款。

包装是指为了有效地保护商品的数量完整和质量要求，把货物装进适当的容器。

包装条款的主要内容有：包装方式、规格、包装材料和运输标志。

制定包装条款要明确包装的材料、造型和规格。除传统商品其包装已为买卖双方所知晓外，不应使用“适合海运包装”、“标准出口包装”等含义不清的词句。当由买方提供包装、包装或运输标志时，应在合同中注明买方提供的时间，以保证备货，及时出运及结汇等。要注意各国有关包装（包括唛头）的法律与禁忌，以及国际上对运输标志的惯常做法、要求及其变化。

2. 价格条款（Price Clause）

价格条款规定货物的单价和总价，计价货币等。通常用国际通用的价格术语表达。

价格是指每一计量单位的货值。

价格条款的主要内容有：每一计量单位的价格金额、计价货币、指定交货地点、贸易术语与商品的作价方法等。

在国际货物买卖中，价格是个十分敏感的问题。制定价格条款时应注意正确表示计价货币的名称，如“元”要写明日元、美元、港元还是人民币元。贸易术语的选择要和合同中的其他条款保持一致。例如FOB、CIF、CFR贸易术语不但代表货物的价格构成，而且确定买卖双方责任、风险和费用。贸易术语不同，则价格不同，买卖双方承担的责任风险和费用不同。当双方发生争议时，法院通常先以双方选择的贸易术语确定合同的性质，然后确定双方的权利义务，因此，贸易术语选择应和合同内其他条款相一致。在美国及其他国家法院的判例中，都有因在CIF合同中包含了与CIF合同性质相抵触的条款而致使合同被宣判无效的情况。

在国际货物买卖中，货物的作价方法主要有以下几种：

(1) 固定价格。短期交货合同采用固定价格的方法，即由买卖双方商定的在合同有效期内不得变更的价格。

(2) 滑动价格。长期交货合同，如大型成套设备、机器的买卖，为防止国际市场价格变动带来的不利影响，可采用滑动价格，即买卖双方同意在合同中暂定一个价格，在交货时再根据行情及生产成本增减情况作相应的调整。

(3) 后定价格。双方在合同中不规定商品的价格，只规定确定价格的时间和方法。如规定"以 2007 年 10 月 25 日伦敦商品交易所价格计价。"

(4) 混合定价。对分批交货合同，可采用部分固定价格，部分滑动价格的方法。近期交货部分采用固定价格、远期交货部分按交货时行情或另行协议作价。为防止商品价格受汇率波动的影响，在合同中可以增订黄金或外汇保值条款，明确规定在计价货币币值发生变动时，价格应作相应调整。

3. 装运条款 (Transportation Clause)

装运条款根据价格条件订明运输方式、装运地（港）与目的地（港）、装卸时间、装卸费用的计算和负担等。

装运是指把货物装上运输工具。在一般情况下，装运与交货是两个概念。但在 FOB、CFR 和 CIF 合同中，卖方只要按合同规定把货物装上船，取得提单就算履行了交货义务。提单签发的时间和地点即为交货时间和地点。所以"装运"一词常被"交货"概念代替。装运条件也被称作交货条件。装运港和目的港是贸易术语和合同中不可缺少的部分，决定着买卖双方的责任、费用与风险的划分。所以要按不同的贸易术语的要求注明装运港和目的港。合同中如订有选择港，则应订明增加的运费、附加费用应当由谁承担。为避免重名港口，应注明港口所处国家或地区。对于一次成交量大的合同，或装卸、运输条件差的港口，应在合同中订明"允许分批装运"或"允许转船"。

4. 保险条款 (Insurance Clause)

保险条款订明由买方或卖方负责投保。如为卖方投保，须具体订明险别和保险加成。保险条款的主要内容包括：确定投保人及支付保险费，投保险别和保险金额。

在国际货物买卖中，大部分是 FOB、CIF 和 CFR 合同，故保险责任与费用的分担由当事人选择的贸易术语决定。在 CFR 合同中，买方自行投保，自付费用；而在 CIF 合同中是由卖方替买方投保并把支付的保险费加在货价上，因此，投保何种险别以及买方有何特殊要求都应在合同中订明，对于买方的特殊要求，卖方还要事先征得保险公司的同意，以免陷入被动。卖方在替买方投保后应把保险单及时转让给买方。转让保险单的行为实质是转让风险的行为，买方日后可凭保险单向保险公司索赔。如果卖方不履行这一义务，则货物遭受损失的风险仍由卖方承担。此外，双方应在合同中订明所采用的保险条款名称（如是采用中国人民保险公司海洋运输货物保险条款，还是伦敦保险业协会的协会货物条款以及其制定或修订日期）、投保险别、保险费率等。

5. 支付条款 (Payment Clause)

支付条款订明付款时间、付款方式、付款所使用的货币或票据。支付条款的主要内容包括支付手段、支付方式、支付时间和地点。

(1) 支付手段分为货币和汇票，主要是汇票。在国际货物买卖中，汇票是出口方

（卖方）向进口方（买方）开立的，要求买方在一定时间内向卖方无条件支付一定金额的书面命令。出口方或持票人向进口方或其指定银行要求付款。

（2）支付方式可分为两类：

第一，双方不由银行提供信用，但通过银行代为办理，如直接付款和托收；

第二，在银行提供信用，从银行得到信用保证和资金周转的便利，如信用证。

无论采用以上哪种方式，都应考虑交易地区的贸易法令和习惯。

（3）支付时间与地点。支付时间不但涉及利息问题，而且对买卖双方尽快实现各自的利益有重大意义。通常按交货（交单）与付款先后，可分为预付款、即期付款与延期付款。预付款是在交货或交单前即支付部分或全部货款。即期付款是在交货或交单时付款。延期付款是在交货或交单后的规定时间付款或分期付款。付款人或其指定银行所在地即为付款地点。

6. 商检条款（Inspection Clause）

商检条款订明进出口货物检验的时间、地点、方法和标准以及检验机构，声明商检机构签发的品质证明和数量证明是结算货款的重要依据，并写明以买方或卖方的商检证书为最后依据。订约时最好争取以我方的商检证书为准。

7. 免责条款（Exemption Clause）

免责条款又称不可抗力条款（Force Majeure Clause）。为避免日后发生不必要的纠纷，合同中应订明不可抗力的范围及后果的处理。不可抗力条款可分为概括式、列举式或综合式（同时采用概括和列举方式）。我国目前进出口合同的不可抗力条款大多采用最后一种方式。

8. 索赔条款（Claim Clause）

在国际贸易中经常发生货物的品质、规格、数量、重量、包装、运输、保险与合同规定不符的情况，从而导致索赔和理赔的问题。因此合同中应订明索赔的依据、期限、赔偿方法和金额等。

9. 法律适用条款（Applicable Law Clause）

法律适用条款也叫准据法条款。根据国际私法通行的“意思自治”原则（Autonomy of Will），合同双方当事人可以选择合同所适用的法律。我国对外贸易企业在拟订合同时，多采用中国法律。

10. 仲裁条款（Arbitration Clause）

仲裁条款规定仲裁地点、机构、仲裁程序、裁决的效力以及仲裁费用等方面内容。一般来说裁决是一次性的、终局的，对双方都有约束力，订有仲裁协议的双方不得向法院起诉。但在下列情况下，裁决可由法院宣布无效：（1）双方没有达成仲裁协议；（2）不属于提交仲裁的事项；（3）仲裁庭组成不当；（4）仲裁员无资格；（5）仲裁员行为不当；（6）裁决作出后发现了新的事实和证据；（7）裁决是根据伪证作出的等。

以上条款只是国际货物买卖合同的基本内容，条款的多寡繁简，当事人可根据货物的性质、交易量的大小等因素自由协商而定。

（三）约尾（End）

约尾是合同的结尾部分，这部分包括对合同文字效力的规定、合同份数的说明、适用法律条款的规定及双方的签字，必要时可加上附件作为合同不可分割的一部分。一般列明合同的份数、是否为正本（Original）、使用的文字及生效的时间（有时这一部分也在约首订明)。最后由双方签字盖章(Signature)。

三、合同签订过程中的注意事项

草拟合同方对对方签回的书面合同应及时认真地审核，确保合同内容未经任何更改或附加。对国外寄来的须签回的合同、确认书、订单、委托订购单等，应仔细审阅，及时提出异议，决不可置之不理，以防被视为默认接受。具体应注意以下两点：

(1) 若是由我方制订合同，则应注意合同中的各项条款一定要同洽谈中达成的协议或条件一致。制好后给对方寄去，待对方签字后寄回。对方签字并寄回后，要仔细检查对方是否对合同作了我方不能接受的修改，如果有，应立即通知对方不能接受其对合同的修改，或者依据存档之副本向对方提出异议。

(2) 若合同是由对方制好并签字寄来，我方应从头到尾仔细检查各项条款是否合理，确保合同内容与洽谈过程中达成的条件、协议相一致，至少没有我方不能接受的条款。若有不能接受的条款，则不需要签字，可直接寄给对方请对方修改。在签署退回时，要防止重复签署，导致一个合同、两笔交易。对于合同中因对方大意而发生的书写、拼写错误，可直接修改后签字。签字后己方留一份，给对方寄回一份。

目前，对合同的形式规定，各国解释不一。我国要求合同必须以书面形式确定下来。因此，对口头协议，应正式签署书面合同。

要注意合同条款间的内在联系。合同是一个有机整体，各条款间应相互呼应衔接，不可出现彼此矛盾的内容，且合同内容应从实际出发，体现公平合理原则，对双方均应有约束性。例如，在数量条款规定溢短装时，支付方式为信用证，该证金额就应规定有增减幅度；以CFR或FOB方式成交，保险条款中就应订明“保险由买方自理”；对签约后可能发生的额外费用，如运费上涨、港门封航的绕航费等，可在合同中明确规定由何方负担。

第六节 国际贸易合同文本

在我国的国际贸易业务中，各外贸企业都印有固定格式的进出口合同或成交确认书即所谓的格式合同(Model Contract Forms)。它适用于某一类产品(如化工产品、机械设备等)的买卖。格式合同只具有建议性质，当事人可依据双方协议修改或变更其内容。当面成交的，双方共同签署；通过函电往来成交的，由我方签署后，一般将正本一式两份送交国外买方签署，退回一份，以备存查，并用作履行合同之依据。

以下是两种出口合同格式样本：售货合同(Sales Contract)和销售合同确认书(Sales Confirmation)。

一、售货合同

(一) 售货合同样本

售货合同样本见示例1—8。

示例 1—8

售　货　合　同

SALES CONTRACT

编号：

NO.：____

签约日期：　签约地点：

DATE：____

SIGN AT：____

卖方：　辽宁省工艺品进出口公司

SELLERS：LIAONING ARTS AND CRAFTS IMPORT AND EXPORT CORP.

地址：　传真：

ADDRESS：____________________　FAX：__________

买方：

BUYERS：____________________

地址：　传真：

ADDRESS：____________________　FAX：__________

兹经买卖双方同意，成交下列商品，订立条款如下：

The undersigned buyers and sellers have agreed to close the following transactions according to the terms and conditions stipulated below：

品名及规格 NAME OF COMMODITY & SPECIFICATIONS	单价 UNIT PRICE	数量 QUANTITY	金额及术语 AMOUNT & PRICE TERMS

数量及总值均允许增加或减少___%，由卖方决定。

With ____ percent more or less both in the amount and quantity of the S/C allowed.

总金额：

Total Value：______

包装：

PACKING：______________________________

装运期：

TIME OF SHIPMENT：________________________

装运港和目的港：

PORTS OF LOADING & DESTINATION：From any Chinese Port to ____

是否允许分批装运，是否允许分批转船：

With Partial shipments and transhipment ____ allowed.

保险：由卖方按中国人民保险公司条款照发票总值110%投保一切险及战争险。如买方欲增加其他险别，须于装船前征得卖方同意，所增加的保险费由买方负担。

INSURANCE：To be covered by the Sellers for 110% of Invoice value against All Risks and War Risk as per the relevant clauses of The Peoples Insurance Company of China. If other coverage is required，the Buyers must have the consent of the Sellers before shipment and the additional premium is to be borne by the Buyers.

付款方式：买方应由卖方所接受的银行，于装运月份前30天，开具以卖方为受益人的不可撤销即期信用证。至装运月份后第15天在中国议付有效。

PAYMENT：The buyers shall open with a bank acceptable to the Sellers an irrevocable，confirmed，without recourse，transferable divisible Sight Letter of Credit to reach the Sellers 30 days before the month of shipment，valid for negotiation in China until 15th days after the month of shipment.

唛头：买方应在合同装运期前30日内，将唛头的详细说明以明确的形式通知卖方，否则由卖方自行决定。

SHIPPING MARKS：The detail instructions about the shipping marks shall be sent in a define form and reach the sellers 30 days before the time of shipment aforesaid. Otherwise，it will be at the seller's option.

一般条款：（请参看本合同背面）

GENERAL TERMS AND CONDITIONS：

（Please see overleaf）

买方开证明，请注明本合同号码。

When opening L/C please mention our S/C Number.

买方签字：

THE SIGNATURE OF BUYERS：

卖方签字：

THE SIGNATURE OF SELLERS：

（合同背面）

一 般 条 款

GENERAL TERMS AND CONDITIONS

1. 付款条件

买方所开信用证不得增加和变更任何未经卖方事先同意的条款。若信用证与合同条款不符，买方有责任修改，并保证此修改之信用证在合同规定的装运月份前至少15天送达卖方。即期付款交单：买方须凭卖方开具的即期跟单汇票，于见票时立即付款，付款后交单。否则，卖方有权向买方追索逾期利息。

Terms of Payment：

In the Buyers' Letter of Credit，no terms and conditions should be added or altered without prior to the Sellers' consent. The Buyers must amend the letter of credit, if it is inconsistent with the stipulation of this contract, and the amendment must reach the Sellers at least 15 days before the month of shipment stipulated in this contract.

2. 商品检验

买卖双方同意以装运口岸中国进出口商品检验局提供的检验证明，作为品质和数量的交货依据。

Commodity Inspection:

It is mutually agreed that the Certificate of Quality and Quantity issued by the Chinese Import and Export Commodity Inspection Bureau at the port of shipment shall be taked as the basis of delivery.

3. 装船通知

卖方在货物装船后，立即将合同号、品名、数量、毛重、净重、发票金额、提单号、船名及装船日期以传真形式通知买方。

Shipping Advice:

The Sellers shall, immediately upon the completion of the loading of the goods, advise by fax the Buyers of the contract number, commodity, quantity, gross and net weight, invoiced value, bill of lading number, name of vessel and sailing date etc.

4. 索赔

有关质量的索赔，应于货到目的地后三个月内提出，有关数量的索赔，应于货到目的地后30天内提出，提出索赔时，买方须提供卖方认可的公证机构出具的检验报告，但属于保险公司或轮船公司责任范围内者，卖方不负任何责任。

Claims:

Claims concerning quality shall be made within 3 months and claims concerning quantity shall be made within 30 days after the arrival of the goods at destination Claims shall be supported by a report issued by a reputable surveyor approved by the Sellers, claims in respect of matters within the responsibility of the insurance company or of the shipping company will not be considered or entertained by the Sellers.

5. 不可抗力

因不可抗力事故所致，不能如期交货或不能交货时，卖方不负任何责任。但卖方必须向买方提供由中国国际贸易促进委员会或其他有关机构所出具的证明。

Force Majeure:

The Sellers shall not be responsible for late delivery or non-delivery of the goods due to the Force Majeure. However, in such case, the Sellers shall Submit to the Buyers a certificate issued by the China Council for the Promotion of International Trade of other related organization as evidence.

6. 仲裁

因执行本合同所发生的或与本合同有关的一切争议，双方应友好协商解决，若协商不能获得解决，则应提交中国国际贸易促进委员会对外贸易仲裁委员会，根据该仲裁委员会的程序进行仲裁，仲裁裁决是终局的，对双方均有约束力。

Arbitration：

All disputes arising from the execution of or in connection with this contract shall be settled through amicably negotiation if no settlement can be reached through negotiation, the case shall then be submitted to the Foreign Trade Arbitration Commission of China Council for the Promotion of the International Trade, Beijing, for arbitration in accordance with its provisional rules of procedure. The arbitratal award is final and binding upon both parties.

7. 其他

对本合同的任何变更和增加，仅在以书面经双方签字后，方为有效，任何一方在未取得对方书面同意前，无权将本合同规定之权利及义务转让给第三者。

Other Conditions：

Any alterations and additions to the contract shall be valid only if they are made out in writing and signed by both parties. Neither party is entitled to transfer its right and obligation under this contract to a third party before obtaining a written consent from the other party.

8. 附件

本合同附件为本合同不可分割的一部分，在合同中，中英文两种文字具有同等法律效力。

All annexes to this contract shall form an integral parts of this contract. Both texts of this contract in English and Chinese are equally valid.

9. 其他条款

Other Terms：

本合同自双方签字之日起生效。

This contract shall be valid from the date when it is signed by both parties.

（二）填写合同说明

1. 售货合同（Sales Contract）

文本约首应醒目注明 SALES CONTRACT 或 SALES CONFIRMATION（对销售合同确认书而言）等字样。一般来说出口合同的格式都是由我方（出口公司）事先印制好的，因此，有时在 SALES CONTRACT 之前加上出口公司名称或是公司的标志等（我外贸公司进口时也习惯由我方印制进口合同）。

2. 编号（No.）

此栏填具合同的编号。一般来说每个公司都有自己的系列编号，以便存储归档管理之用。例：04 S1 32/005。

3. 签约日期（Date）

略。

4. 签约地点（Sign At）

在何处签约关系到如果发生争议，合同适用哪一国法律的问题。因此需准确填写。

5. 卖方（Sellers）

（1）此栏填写卖方的全称。注意：有时此栏内容已由公司印制好，但如果公司名称已更改，则需要变更为新名称并加盖校对章，或重新印制合同。

（2）地址（Address）：此处为卖方公司详细地址，如已更改，注意使用新的地址。

（3）传真（FAX）：此处为卖方公司的传真号，以便联系。

6. 买方（Buyers）

包括：（1）买方名称；（2）地址；（3）传真。

7. 买卖双方订立合同的意愿和执行合同的保证

如：若经买卖双方同意，成交下列商品，订立条款如下：

The undersigned buyers and sellers have agreed to close the following transactions according to the terms and conditions stipulated below：

8. 品名及规格（Name of Commodity & Specifcations）

此栏应详细填明各项商品的名称及规格。如果是据来往函电成交后签订的 SALES CONFIRMATION，可只写商品名称，而后注“SPECIFICATIONS AS PRR QUTATIONS”。

9. 单价（Unit Price）

一般单价由四部分构成，例：＄50OFOB 大连 PER M/T，缺一不可。注意此栏应与第 8 栏每一项商品相对应。

10. 数量（Quantity）

此栏为计价的数量，一般为净重。也可以将有包装的毛重、净重分别填明。

11. 金额及术语（Amount & Price Terms）

此项商品为每一项商品的累计金额及价格术语。

例如：如果一份合同有两种商品（化工原料 A、陶瓷制品 B），则 A 的总额、B 的总额分别与前面一一对应列明。即：化工原料 A……A 的总额；陶瓷制品 B……B 的总额。

12. 溢短装条款

大宗散装货物多列明此条款。溢短装货物的单价仍以合同价计量。例：

（1）数量及总值均允许增加或减少____％，由卖方决定；即“With ____ percent more or less both in the amount and quantity of the S/C allowed，decided by the seller.”此例为数量与合同（或信用证）总金额均可增减____％。

（2）如果此项只列“with ____ percent more or less in the quantity of the S/C allowed”，则只允许数量增减，无金额增减，实为有名无实的虚条款。在订立合同和审核信用证时，需慎重考虑此情形。

13. 总金额（Total Value）

列明币种及各项商品累计金额之和。它是发票及信用证金额的依据。

14. 包装（Packing）

此栏填写包装的种类、材料、包装及其费用由谁负担。如无特别声明则由卖方负担。例：IN CARTONS OF 20 DOZEN BATCH。如无包装可填写 NAKED 或 IN BULK。

15. 装运期（Time of Shlpment）

装运期可有多种规定方法，可以规定具体时段，例如：4 月份或 3 月底前；也可以用 L/C 或 S/C 等为参照物规定相应时间，例如：信用证开出后或到达卖方后 30 天。注意：如按后者的规定方式，则需相应规定信用证开出或到达的具体日期，而且注意 L/C 的有效期与装运期的关系，防止“双到期”的发生，不能安全收汇。

16. 装运港和目的港（Ports of Loading & Destination）

此处列明装运港和目的港“From... to...”。对于FOB合同，装运港为合同要件，所以要特别列明装运港。例如“From DaLian，China to Rottadam”。对于CIF合同，目的港为合同要件，所以要特别列明目的港。例如“From any Chinese port to OSAKA，JAPAN”。即使在非为合同要件的情况下，对于“one of main ports of European，Chinese ports”之类的语句，在卖方开立信用证之时一般都要最后订明。如需转船，则列明中转地。例如“From Dalian，China to New York，U. S. A. Via Hongkong”。

17. 是否允许分批装运及转船（With Partial Shipments and Transshipment ... Allowed）

此栏填是否可以分批装运及转船（Y，N）。《UCP600》规定，如未列明是否允许分批装运或转船，则视为允许分批装运或转船。如有特别要求可在REMARKS栏补充注明，也可在此栏或“品名及规格”一栏空白处注明。例如：SHIPMENT DURING MARCH/JUNE IN FOUR EQUAL MONTHLY LOTS.

18. 保险（Insurance）

如使用FOB价格术语成交，则选择TO BE EFFECTED BY THE BUYERS。如为CIF合同，一般规定：

（1）如无特殊要求，由卖方按中国人民保险公司条款按照发票总值110%投保最低险别F. P. A.。另外，根据国际商会规定，一般需按行业惯例替买方把险保足。

（2）如买方欲增加其他险别，须于装船前征得卖方同意，所增加的保险费由买方负担；

（3）如为长期客户，则买卖双方协商按行业惯例加保险别，并确定保险费由哪一方负担。

例如：To be covered by the Sellers for 100% of Invoice Value against All Risks and War Risks as per the relevant clauses of the People's Insurance Company of China. If other coverage is required，the Buyers must have the consent of the Sellers before shipment and the additional premium is to be borne by the Buyers.

19. 付款方式（Payment）

本栏注明付款条件。例如：

The Buyers shall open with a bank acceptable to the Sellers an irrevocable，sight Letter of Credit to reach the Seller 30 days before the month of shipment，valid for negotiation in China until 15th days after the month of shipment.

在当今的国际贸易中一般用信用证付款方式，此时需注意信用证的效期与装运期的关系，以保证安全收汇。

装运期应与信用证到期日（效期）有一段合理时间：时间太短，甚至“双到期”，会致使装运单据取得后没有足够时间进行议付；时间太长，占压买方资金，会在货价上表现出来。

20. 唛头（Shipping Marks）

此空填写唛头。（1）如为裸装货或中性包装，则填写“N/M”；（2）一般用卖方的唛头，个别情况由卖方结合买方的要求设计，或由买方自定，如“The detailed instructions about the shipping marks shall be sent in a definite form and reach the Sellers 30

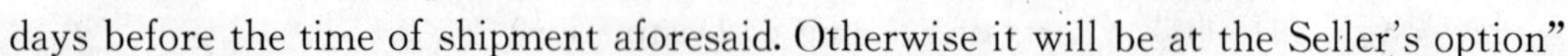

days before the time of shipment aforesaid. Otherwise it will be at the Seller's option"。

21. 一般条款（General Terms and Conditions）

此类条款通常在合同背面已经印刷完毕。如果对方有异议之处可提出修改，如：买方特别指定商品检验机构时，双方可协商变更。

22. 买方和卖方分别签字盖章（The signatures of Buyers/Sellers）

由公司法人签字、盖章。

23. 其他条款（Other Terms/Remarks）

有特殊规定可在此说明。一方面，由于多使用格式合同，难免有需改动和补充之处；另一方面，目前，我外贸公司所使用的简式合同多无仲裁条款、不可抗力条款等，为避免日后发生争议，建议在此栏补加。当然，合同是在双方意思一致的基础上形成的，因此，可依据实际情况加以修改，但对合同的基本条款仍应审慎把握。

二、售货确认书

售货确认书的具体内容见示例 1—9。

示例 1—9

售货确认书

SALES CONFIRMATION

编号
NO.

买方：
BUYERS：
地址：
ADDRESS：
卖方：
SELLERS：
地址：
ADDRESS：

传真：
FAX：
卖方订单号：
BUYERS ORDER：
传真：
FAX：

兹经买卖双方同意，成交下列商品，订立条款如下。

The undersigned buyers and sellers have agreed to close the following transactions according to the terms and conditions stipulated below：

品名及规格 NAME OF COMMODITY & SPECIFICATION	单价 UNIT PRICE	数量 QUANTITY	金额及术语 AMOUNT & PRICE TERMS

数量及总值允许增加或减少____%，由卖方决定。 总金额：
TOTAL：

包装：
PACKING：
保险：
INSURANCE：
装运时间：
TIME OF SHIPMENT：
装运港和目的港：
PORT OF LOADING AND DESTINATION：
付款：
PAYMENT：
一般条款：
GENERAL TERMS AND CONDITIONS：
唛头：
SHIPPING MARKS：

买方签字：
THE SIGNATURE OF BUYERS：
卖方签字：
THE SIGNATURE OF SELLERS：

模拟实训题

1. 企业上网会遇到的问题。

（1）如何寻找目标客户并和他们联系？大多数的中小型企业都有自己赖以生存的特色产品，如何在网上为产品找到目标客户？如何在数千家国内外商贸网站和搜索引擎中找到他们，并和他们取得联系呢？

（2）哪里有价廉质优的原材料和设备？生产型的中小型企业，原材料的价格和质量往往决定了企业利润的多少，新型原材料和设备的寻找，往往是企业开发新产品的前提条件。如何在网上找到这些原材料的生产厂家呢？

（3）如何让远方的客商找到我的产品并和我联系？

请针对上述情况分别给出解决的办法。

2. 寻找目标客户练习，对目标客户需要进一步筛选和核实。

（1）通过搜索引擎进行目标企业查找。

（2）通过行业知名企业名录进行查找。

（3）通过行业网站进行查找。

3. 分析以下线索，寻找商品进出口供求信息。

（1）奥运会。

（2）圣诞节前夕。

4. 请从各种来源查找一份国际贸易合同，按正常情况评析，并熟悉合同条款。

5. 某出口公司与外商就某商品按 CIF、即期信用证付款条件达成一项数量较大的出口合同，合同规定 11 月装运，但未规定具体开证日期，后因该商品市场价格趋降，外商便拖延开证。我方为防止延误装运期，从 10 月中旬起即多次电催开证，终于使该外商在 11 月 16 日开来了信用证。但由于该商品开证太晚，使我方安排装运发生困难，遂要求对方对信用证的装运期和议付有效期进行修改，分别推迟1个月。但外商拒不同意，并以我方未能按期装运为由单方面宣布解除合同，我方也就此作罢。试分析我方如此处理是否适当，应从中吸取哪些教训。

常用英文表达

一、Willing to Establish Business Relations

1. Your name and address have been given us by * * *

2. The American Consulate in Shanghai has advised us to get in touch with/communicate with/contact you concerning...

3. Will you please send us your catalogue and price list for...

4. Will you please quote price CIF San Francisco for the following items in the quantities stated...

5. We are also interested in your terms of payment and in discounts offered for regular orders.

6. We would appreciate a sample of each of the items listed above.

7. We are looking forward to hearing from you.

8. We would appreciate a prompt answer.

9. We hope to hear from you shortly.

10. Since the traditional season is approaching, we must ask you to reply by the end of this month.

11. Your letter expressing the hope of entering into business connections with us has been received with thanks.

12. Your Commercial Counsellor's Office has referred us to you for establishing business relations with your corporation.

13. We wish to introduce ourselves to you as a SOE dealing exclusively in light industrial goods.

14. With a view to expanding our business at your end, we are writing to you in the hope that we can open up business relations with your firm.

15. In order to extend/to increase our export business at your end, we are writing to you in the hope that we can open up business relations with you.

16. As we learn that you buy large quantities of * * * and as we are among the largest exporters of this article, we have pleasure in submitting here with our samples and to see if we could commence business with your firm.

17. However desirous we are of establishing business relations with you, we regret being unable to do so as our previous commitment prevent us from doing so.

18. We are pleased to learn from your letter of... that you wish to enter into trade relations with us but we feel sorry that the goods you wish to purchase are not in our line.

19. Much to our regret, we are unable to do business with you direct, as we have been represented by * * * in your city.

20. Please accept our regret for having to decline your request for establishment of

business relations with us as the items named in your letter have been exhausted.

21. We thank you for your letter of * * * expressing your desire to trade with us directly, which coincides with ours.

22. We are indebted to * * * ... for your name and address and should be pleased to open up business relations with your firm in the line of...

二、Status Enquiry

1. We would like to know whether the ABC Company is in the wholesale trade.

2. We should be glad to know if ABC Company is among the leading wholesale firms in your country.

3. We shall appreciate it if you will let us know their financial position.

4. We should be pleased to know whether they have the reputation of paying promptly.

5. Any information you can give as to their capital would be greatly valued by us.

6. Will you please be good enough to obtain for us all the information possible respecting the financial standing and modes of business of...

7. There is a firm in your city by the name of... who have written to us that they are the leading importers in your place dealing in chemicals and that they now wish to switch to us for the supply of the similar item. As we have no business relations with them before we should be most grateful for any information you may obtain for us.

8. We are at present negotiating with the firm named below about the question of agency. They have given us your name as a reference. Will you please inform us frankly whether you consider we may safely give them credit to the extent of US $10，000?

9. We should appreciate it if you would obtain for us reliable information respecting * * * ... if... . We wish to know if their financial standing is considered strong.

10. We wish to inform you that * * *, whose name you gave us as a reference, have replied to us and they say they are unable to trace your name on their books. Will you please, therefore, furnish us with another reference, so that we may take up the matter without delay.

11. Not having your name on our book, we respectfully request that you furnish us with two references.

12. We thank you for your letter of... giving us references, but regret to say that these are not what we require. If you will please refer to our last letter, you will notice that we ask for bank references.

13. May we ask for the favor of your advice, in confidence, as to the prudence of our allowing credit to the extent of US $ 5，000 to the firm named at the foot of this letter.

14. We should be greatly obliged if you would inform us

a. how long they have had a credit account with you.

b. if you consider them good for $ 10，000.

c. if their account with you is overdue at present.

d. whether they pay punctually or promptly.

e. of their credit standing.

三、Enquiries And Replies

1. Thank you for your enquiry of 3rd August.
2. We are pleased to have your enquiry for...
3. ... We are pleased to inform you that...
4. ... We can offer you immediately...
5. We have pleasure in confirming that we can...
6. In reply to your fax of 1st August...
7. In reply to your enquiry of 7th June, we are enclosing...
8. We thank you for your letter of 15th Sep. and have sent you today by separate post...
9. We thank you for your enquiry, and are pleased to inform you that...
10. We thank you for your fax of today, in which you enquire for...
11. We should be glad to receive further enquiries from you for prices and samples.
12. We very much regret that we are unable to supply you with the small quantity you require.
13. Seeing your advertisement in China Daily, we should be pleased to receive your latest price list for stainless steel tableware.
14. We thank you for your intention to enter into business relations with us. At present, we are interested in your... and wish to receive a sample for which we will pay upon receipt of your advice.
15. We learn from our Embassy in your country that you are manufacturing and exporting a variety of Cassette Tape Recorders. As there is a good demand here we should appreciate your sending us a sample together with the prices of various models for which we will pay immediately upon receipt of your debit note.
16. Please be informed that one of our end users is in the market for... and we should be glad if you could send us your best prices with indication of time of shipment.
17. Your company has been introduced to us by * * * with whom we have traded for many years. Would you please supply us with a complete set of catalogues for Textile Accessories so that we may make choice and work on them.
18. Enclosed please find a full range of catalogues covering the Textile Accessories enquired for in your letter of... If you find any of the items of interest, please let us know and we will send you the samples.
19. While thanking you for your enquiry of... for... we regret to inform you that we are not in a position to cover your requirement. However, as soon as we have secured our supplies, we will revert to the matter.
20. In reply to your enquiry of... we are now sending you our price list for the various tools enquire for. By separate mail, we are also sending you a sample of Combination Pliers for your reference. Should you require any other information about our tools, please let us know and we will reply to you without delay.

四、Offer and Counter-offer

1. We have pleasure in quoting as follows.

2. We have pleasure in offering you the following goods.

3. We are pleased to inform you that our prices are quoted CIF Hamburg.

4. Prices have risen/ fallen/ remain steady.

5. This offer is firm/ open/valid for 5 days.

6. This is a special offer and is not subject to our usual discount.

7. This article is in good/ great/ heavy demand.

8. We shall be unable to obtain further supplies.

9. Will you kindly let us have an early decision.

10. Please send us your instruction by E-mail without delay.

11. After carefully calculating the price again, we decide to make a further concession of US $ 2 per yard, in the hope that this would lead to an increase in business between us.

12. We offer, subject to your reply reaching here on or before 28th Feb., 500 Phoenix Brand Bicycles at $ 12 per set CIF London for shipment in April.

13. We thank you for your letter of 12 March and have the pleasure of offering you the following.

14. In response to your enquiry of... for..., we quote, subject to our final confirmation, Butterfly Brand Sewing Machine, Model ABC-1 at $24 per set CIF NY. Time of shipment depends on the quantity to be ordered.

15. We have received your letter of... and are pleased to quote you for 1, 500 dozen Men's Shirts as per the sample sent you before, at the price of US $ 5 per piece CIF NY for prompt shipment.

16. While thanking you for your quotation of... we regret to say that your price is on the high side. We do not think there is any possibility of business unless you cut your price by 20%.

17. Your offer for... is acceptable but we are not in a position to make payment by L/C at sight as it will cost us more expenses. Could you accept payment by drawing on us a sight draft as in the case of Sales Contract 1234?

18. We regret to learn from your letter of... that you ask for a reduction of 5% off our original price, which is unacceptable to us as we have closely calculated our price.

19. We have noted your request for a reduction of 8% on our price but regret to say that there is no room for a reduction as we have quoted you our lowest price at which we have concluded considerable business with other clients at your end.

20. Taking into consideration our friendly business relations, we would exceptionally comply with your request by reducing our price to US $5 per piece CIF NY. However, this should not be taken as a precedent in future.

21. Your request for a reduction in price has been noted. However, we are of the opinion that if you could increase your order to 5, 000 piece we would allow a 5% discount. Please note this is the best we can do and we hope you will accept it.

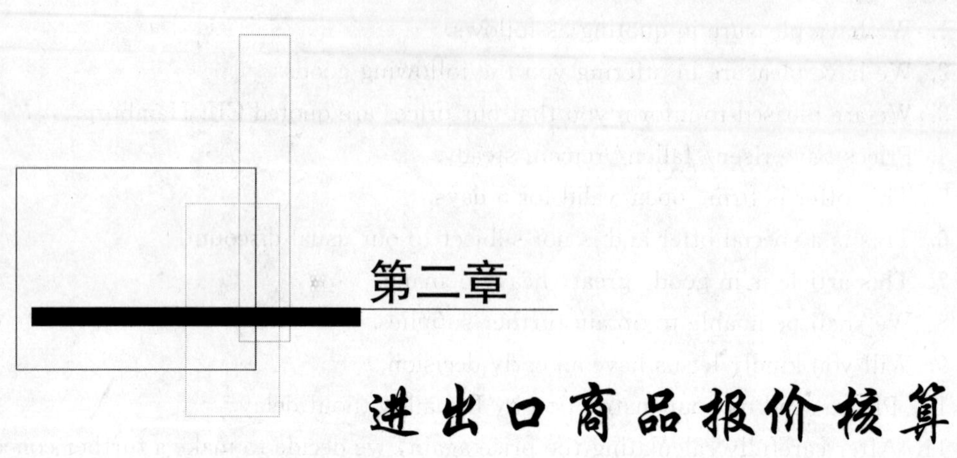

第二章

进出口商品报价核算

价格是国际货物买卖合同的核心，是买卖双方最关心的问题之一。报价核算是交易磋商的重要环节。国际贸易中的商品报价比国内贸易要复杂得多。本章主要围绕 FOB、CIF、CFR 三个国际贸易中常用的价格术语，就如何核算成本、费用，根据各价格术语的特点和要求合理报出商品的价格，尤其是对出口商品报价，进行详细阐述和案例讲解。

［实训要点］

1. 出口成本核算
2. 进口成本核算
3. 运输费用核算
4. 海洋运输保险费核算
5. 出口报价及还价核算

第一节　出口价格及成本核算

一、报价依据

出口商品对外报价需根据出口成本、国际市场价格水平、企业的经营意图等多方面因素综合考虑，确定合理的价格。国际市场商品价格千变万化，但通常受商品固有价值的影响。所以，出口企业的成本，即出口成本，就成为报价的基础。

（一）出口成本的构成

企业的出口成本包括两部分，即商品本身的成本和商品装运出口前的费用（即国内总费用）。

（1）商品本身的成本包括生产成本、加工成本和采购成本。

1）生产成本：制造商生产某一产品所需的投入。

2）加工成本：加工商对成品或半成品进行加工所需的成本。

3）采购成本：贸易商向供应商采购的价格，亦称进货成本。

（2）国内总费用包括以下内容：

1）国内运输费：出口货物在装运前所发生的境内运输费，通常有卡车运输费、内河运输费、路桥费、过境费及装卸费。

2）包装费：包装费用通常包括在采购成本之中，但如果客户对货物的包装有特殊的要求，由此产生的费用就要作为包装费另加。

3）仓储费：货物需要提前采购或另外存仓所产生的费用。

4）认证费：出口商办理出口许可、配额、产地证明及其他证明所支付的费用。

5）港区港杂费：出口货物在装运前在港区码头所需支付的各种费用。

6）商检费：出口商品检验机构根据国家的有关规定或出口商的请求对货物进行检验所产生的费用。

7）捐税：国家对出口商品征收、代收或退还的有关税费，通常有出口关税、增值税等。

8）贷款利息：出口商由向国内供应商购进货物至从国外买方收到货款期间由于资金的占用而造成的利息损失，也包括出口商给予买方延期付款的利息损失。

9）业务费用：出口商在经营中产生的有关费用，如通信费、交通费、交际费、广告费等，又称为经营管理费。

10）银行费用：出口商委托银行向国外客户收取货款、进行资信调查等所支出的费用。

（二）出口盈亏核算

在弄清出口成本的基础上我们可以进行盈亏核算。盈亏核算包括以下几个方面：

（1）换汇成本的核算。换汇成本是指某出口商品换回一单位外汇所需的人民币成本。换言之，即用多少元人民币的"出口成本"可换回单位外币的"净收入外汇"。其计算公式为：

出口换汇成本＝出口商品总成本（人民币）÷出口销售外汇净收入（外币）

其中，$\underset{\text{（退税后）}}{\text{出口商品总成本}}=\underset{\text{（含增值税）}}{\text{出口商品购进价}}+\text{定额费用}-\text{出口退税收入}$

出口外汇净收入为FOB净收入（扣除佣金、运、保费等劳务费用后的外汇净收入）。下面我们通过举例来说明如何进行换汇成本的核算。

例2—1：某外贸公司出口某商品1 000箱，该货每箱收购价为人民币价100元，国内费用为收购价的15%，出口后每箱可退税7元人民币，外销价为每箱19.00美元CFR曼谷，每箱货应付海运运费1.20美元，试计算该商品的出口换汇成本。

解：1）出口成本＝1 000×100×（1＋15%）－1 000×7＝108 000（元）

2）出口销售外汇净收入＝（每箱外销价－海运运费）×箱数

＝1 000×（19.00－1.20）＝17 800（美元）

3）出口换汇成本＝出口总成本（人民币）÷出口外汇净收入（美元）

＝108 000元÷17 800美元＝6.067元/美元

即该商品的换汇成本为6.067元/美元

（2）盈亏率的计算。出口盈亏率是盈亏额与出口总成本的比例，用百分比表示，它是衡量出口盈亏程度的一项重要指标。其计算公式为：

出口盈亏率＝(盈亏额÷出口总成本)×100％
＝[出口外汇净收入(外币折成本币)－出口总成本(本币)]
÷出口总成本(本币)×100％

若计算结果为正，则为盈利率；若为负，则是亏损率。下面我们通过举例来说明如何进行盈亏率的计算。

例 2—2：出口碳刷 1 442 250 只，出口总价：73 000 单元美元 CIF 旧金山，其中运费 1 540 美元，保险费 443 美元。进价 574 980 元（含增值税 17％），费用定额率 6％，出口退税率 9％。当时人民币市场汇价银行美元买入价为 8.30 元。试求该批商品的盈亏率。

解：1）出口外汇净收入(外汇折成本币)＝(73 000－1 540－443)×8.3
＝589 441.1（元）

2）出口总成本(本币)＝574 980＋(574 980×6％)
－[574 980÷(1＋17％)×9％]
＝565 249.57（元）

3）出口碳刷 1 442 250 只盈亏额＝589 441.1－ 565 249.57＝24 191.53（元）

4）盈亏率＝盈亏额÷出口总成本×100％
＝24 191.53÷56 249.57×100％＝43.007％

即该批出口商品的盈亏率为 43.007％。

(3) 外汇增值率的计算。外汇增值率又称创汇率，它直接反映以外汇购进原料（包括辅助原料），经加工成成品（包括未成品）出口的创汇效果。它与一般商品出口换汇的区别在于：必须先支出外汇，才能创出外汇，反映新创收的外汇和为创外汇而支出的外汇之间的比率。计算公式为：

外汇增值率＝外汇增值额÷进口原料外汇支出×100％
＝[成品出口外汇净收入－进口原料外汇支出(CIF 价)]
÷进口原料外汇支出(CIF 价)×100％

若计算结果为正，则表示外汇增值；若为负，说明“倒贴外汇”。下面我们以实例来说明如何进行外汇增值率的计算。

例 2—3：设我某公司以每公吨 252.00 美元 CIF 中国口岸进口盘条 1 000 公吨，加工成螺丝 100 万罗（Gross）出口，每罗 0.32 美元 CIF 卡拉奇纸箱装，每箱 250 罗，每箱 0.03 立方米，毛重 30 公斤，海运运费 W/M10 级，每吨运费 80 美元，试计算外汇增值率。

解：1）进口原料外汇支出＝CIF 价×1 000
＝252.00×1 000＝252 000（美元）

因产品每箱的体积与毛重相等（积载系数＝1），所以运费

F＝0.03×80×1 000 000÷250＝9 600（美元）

2）成品出口外汇净收入＝FOB 总值
＝CFR 总值－F
＝0.32×1 000 000－9 600
＝310 400（美元）

3）外汇增值率＝[成品出口外汇净收入－进口原料外汇支出(CIF 价)]

÷进口原料外汇支出(CIF价)×100%

=(310 400－252 000)÷252 000×100%

=23.17%

即外汇增值率为23.17%。

（三）价格的构成

了解价格的构成，掌握各部分的含义，对于正确核算出口价格是十分重要的。出口商品价格的构成包括出口成本、运费、保险费、佣金和预期利润。

（1）出口成本。

出口成本包括商品本身的成本（采购成本）和货物直至装运出口前的所有费用，如前所列，出口成本计算公式如下：

出口成本＝采购成本＋国内总费用

（2）运费、保险费和佣金。

1）运费：货物出口时支付的海运、陆运或空运费用。

2）保险费：出口商向保险公司购买保险或信用保险所支付的费用。

3）佣金：出口商向中间商支付的为介绍交易提供服务的酬金。

（3）预期利润。

利润是交易的最终目的，是价格的重要组成部分，也是商人最为关心的要素。出口成本、运费和保险费及佣金构成了出口商的支出，预期利润为出口商的收益，因此，出口商品的价格也可以说由出口总支出和预期利润两部分构成，出口商品价格计算公式如下：

出口商品的价格＝出口总支出＋预期利润

二、出口成本核算

（一）出口商品成本核算

对于从事贸易的出口商而言，商品成本即为采购成本，是贸易商向供货厂商购买货物的支出。一般来讲，供货厂商所报的价格就是贸易商的采购成本。然而，供货厂商报出的价格一般包含税收，即增值税。增值税是以商品进入流通环节所产生的增值额为课税对象的一种流转税。由于出口商品是进入国外的流通领域，因此，许多国家为降低出口商品的成本，增强其产品在国际市场上的竞争力，往往对出口商品采取增值税款全额或按一定比例退还的做法。在实施出口退税制度的情况下，出口商在核算价格时，为了增加其产品在售价上的竞争力，往往会将含税的采购成本中的出口退税部分予以扣除，从而得出实际购货成本。我国实行出口商品零税制，目前对不同的商品实施不同的退税率。下面我们通过举例来具体说明如何进行出口商品成本核算。

例2—4：某出口公司采购一批SWB32S“火车牌”足球，每只足球的购货成本是165元人民币，其中包括17%的增值税，若足球出口可以有8%的退税，求每只足球的实际购货成本。

解：实际成本＝购货成本－出口退税额

购货成本＝净价(不含税价)＋ 增值税额

＝净价＋净价×增值税率

＝净价×(1＋增值税率)

购货净价＝购货成本÷(1＋增值税率)

出口退税额＝净价×出口退税率

＝购货成本÷(1＋增值税率)×出口退税率

实际购货成本＝购货成本－出口退税额

＝购货成本－购货成本÷(1＋增值税率)×出口退税率

＝购货成本×(1＋增值税率－出口退税率)÷(1＋增值税率)

所以 SWB32S“火车牌”足球的实际购货成本为：

实际购货成本＝165×(1＋17%－8%)÷(1＋17%)

＝153.717 9＝153.72(元/只)

(二) 单位出口商品国内总费用

出口货物涉及的各种国内费用在报价时大部分还没有发生，因此该费用的核算实际是一种估算。其方法有两种：

第一种方法：将货物装运前的各项费用根据以往的经验进行估算并叠加，然后除以出口商品数量获得单位商品装运前的费用，即：

单位出口商品国内总费用＝国内总费用÷出口商品数量

第二种方法：因为该类费用在货价中所占比重较低，而且项目繁杂而琐碎，贸易公司根据以往经营各种商品的经验，采用定额费用率的做法。所谓定额费用率，是指贸易公司在业务操作中对货物装运前发生的费用按公司年度支出规定一个百分比，一般为公司购货成本的 3%～10%。实际业务中，该费率由贸易公司按不同的商品、交易额大小、竞争的激烈程度自行确定。

例 2—5：某出口公司出口某冷冻水产品 17 吨，每吨的进货价格为 5 600 元人民币，估计该批货物国内运杂费共计1 200元，出口商检费 300 元，报关费 100 元，港区港杂费 950 元，其他各种费用共计1 500元，另银行手续费为 800 元，求该水产品国内费用。

解：上例中已估算了装运前各项费用，故采用第一种方法：

每吨冷冻水产品国内费用＝各项装运前费用之和÷出口数量

＝(1 200＋300＋100＋950＋1 500＋800)÷17

＝285.294 1 (元/吨)

若采用第二种方法，假定定额费率为进货价的 5.5%，则

每吨货物国内总费用＝5 600×5.5%＝308 (元/吨)

用哪一种方法确定单位产品国内费用，应根据所采数据的准确性、价格的竞争性及定价策略等因素综合考虑决定。在实践中，因出口费用涉及项目繁杂，单位众多，各项费用不易精确估算，故而常用定额费率的方法加以核算。

三、出口运费核算

进出口货物的运输通常采用的是海运运输方式，在采用 CIF、CFR 价格术语时，办理运输并支付运费是出口商的责任。这时，运费就构成货价的要素之一。在海运方式中，根据承运货物船舶的不同营运方法可以分为班轮运输和租船运输两种。进出口交易中除大宗初级产品的交易外，多数采用班轮运输的方式。在班轮运输中，根据托运货物是否装入集装箱又可区分为件杂货物与集装箱货物两类，现将这两类货物海运费用的计算方法分述如下。

(一) 件杂货物（散装）运费核算

1. 运费构成

件杂货物海洋运输费主要分基本运费和附加运费两部分。基本运费一般不常发生变动，但由于构成海运运费的各种因素常发生变化，各船公司就采取征收各种附加费的办法以维护其营运成本，附加运费主要有燃油附加费、货币附加费、港口拥挤费、转船附加费、港口附加费等。

2. 运费计算方法

件杂货海洋运费的计算包括以下几种方法：

(1) 重量法。按货物毛重来计算，以每公吨为运费计算单位，又称重量吨(Weight Ton)，吨以下取三位小数。费率表上用“W”表示。

(2) 体积法。按货物的体积来计算，以每立方米为运费计算单位，又称尺码吨(Measurement Ton)，立方米以下取小数三位。费率表上以“M”表示；以重量吨或尺码吨计算运费的，统称为运费吨 (Freight Ton)。

(3) 从价法。按货物 FOB 总值的一定百分比作为运费计算标准，费率表上以“AD VAL”表示。

(4) 选择法。有以下四种选择方法：

W/M：为最为常见的选择方法，即在重量法与体积法之间选择；

W or AD VAL：在重量法与从价法之间选择；

M or AD VAL：在体积法与从价法之间选择；

W/M or AD VAL：在重量法、体积法和从价法之间由承运人根据不同的货物决定具体的选择方法，择高收取运费。

(5) 综合法。按重量吨或尺码吨计收运费外，再加收从价运费，即：W&AD VAL，M&AD VAL。

(6) 按件法。按每件为一单位计收。

(7) 议价法。临时议定运费。

3. 运费计算的一般步骤

(1) 根据货物名称，在运价表中的货物分级表上查到货物的等级和运费计算标准；

(2) 根据货物的装运港、目的港，找到相应的航线，按货物的等级查到基本运价；

(3) 查出该航线和港口所要收取的附加费项目和数额（或百分比）及货币种类；

(4) 根据基本运价和附加费算出实际运价（单位运价）；

(5) 根据货物的托运数量算出应付的运费总额。

下面通过实例来说明如何进行件杂货物（散装）运费核算。

例 2—6：某公司拟向日本出口冷冻驴肉 30 吨，共需装 1 500 箱，每箱毛重 25 千克，每箱体积为 20cm×30cm×40cm，日商来电要求该公司报 CFR 神户价格，应如何计算这批货物的运费和 CFR 价格？（设原为每公吨 30 美元 FOB 上海，该航线运费吨的运价为 144 美元）

解：先按冷冻驴肉的英文（FROZEN DONKEY-MEAT）的字母顺序查得该商品为 8 级货物，征收标准为 W/M。又查知该航线没有其他附加费。所以计算如下：

积载系数＝(0.2×0.3×0.4)÷0.025＝0.96(小于 1,故按重货计算,即以 W 为标准计征运费)

每箱运费＝144×0.025＝3.6（美元）

总运费＝3.6×1 500＝5 400（美元）

CFR＝FOB＋F＝30＋3.6＝33.6（美元）

（二）集装箱货物海洋运费核算

1. 集装箱的种类及装箱数量

国际标准化组织为了统一集装箱的规格，推荐了三个系列十三种规格的集装箱，而在国际货物运输中经常使用的是 20 英尺和 40 英尺集装箱，其型号和具体规格如下：

1A 型 8′×8′×40′

［外径］（2 438mm×2 438mm×12 191mm）

［内径］（238cm×230cm×1 205cm）

1C 型 8′×8′×20′

［外径］（2 438mm×2 438mm×6 058mm）

［内径］（238cm×234cm×590cm）

在进出口交易中，集装箱类型的选用，对于贸易商减少运费开支起着很大的作用。货物外包装箱的尺码、重量、货物在集装箱内的配装、排放以及堆叠都有一定的讲究，需要在实践中摸索，当然，这些也和货物的种类、特性以及客户的要求有关。

例 2—7：某种货物装箱方式是 8 台装 1 纸箱，纸箱的尺码是 54cm×44cm×40cm，毛重为每箱 53 千克，试计算该货物集装箱运输出口时的装箱数量。（根据 20 英尺、40 英尺集装箱的载重量和体积分别计算装箱的最大数量）

20 英尺集装箱的载重量为 17 500kg；40 英尺集装箱的载重量为 24 500kg。

20 英尺集装箱的有效容积为 $25m^3$；40 英尺集装箱的有效容积为 $55m^3$。

解：如果按重量计算，每个 20 英尺集装箱可装数量为：

17 500÷53=330.189（箱），取整数为 330 箱，计 2 640 台；

每个 40 英尺集装箱可装数量为：

24 500÷53=462.264（箱），取整数为 462 箱，计 3 696 台；

如果按体积计算，每个 20 英尺集装箱可装数量为：

25÷(0.54×0.44×0.4)=263.07（箱），取整数为 263 箱，计 2 104 台；

每个 40 英尺集装箱可装数量为：

55÷(0.54×0.44×0.4)=578.704（箱），取整数为 578 箱，计 4 624 台。

由上述计算我们不难看出，以重量法计费的货物通常用 20 英尺集装箱；而以体积计费的货物则用 40 英尺集装箱更能节省运费，当然，运费的计算标准可以查货物等级表得到。

2. 集装箱货物海运运费的计算方法

集装箱货物海运费用根据货量的大小、按拼箱和整箱货有不同的计算方法。

（1）件杂货基本费率加附加费。即以每吨运费为计算单位，按照传统的件杂货等级费率收取基本运费外，再加收一定的附加费。拼箱货运费通常采用这种方法计算。

（2）包箱费率（BOX RATE）。是以每个集装箱为计算单位。常用于整箱货物运输，常见的集装箱包箱费率有下列三种形式：

1）FAK 包箱费率（FREIGHT FOR ALL KINDS），即对每一集装箱不分货物级别统一收取费率。

2）FCS 包箱费率（FREIGHT FOR CLASS），是按不同货物等级制定的费率。

3）FCB 包箱费率（FREIGHT FOR CLASS & BASIS），是按不同货物等级或货类以及计算标准制定的费率。

四、保险费、佣金和利润核算

（一）保险费核算

在出口交易中，在以 CIF（或 CIP）术语成交的情况下，出口方就需要进行保险费的核算。保险费是按照货物的保险金额乘以一定的百分比（保险费率）来计算的。有关公式如下：

保险费＝保险金额×保险费率

保险金额＝CIF(或 CIP)货价×(1＋保险加成率)

保险费＝CIF(或 CIP)货价×(1＋保险加成率)×保险费率

保险加成率亦称投保加成率，由买卖合同确定，一般为 10%、20% 和 30%，实践中使用最多的是 10%，一般不超过 30%。

由于保险金额一般是以 CIF 或 CIP 价格为基础加成确定的，因此，在已知货价和运费（即 CFR 或 CPT 价）时，可按下列公式计算：

CIF(或 CIP)＝CFR(或 CPT)价÷[1－(1＋投保加成率)×保险费率]

例 2—8：向日本出口钢材，已知 CFR 价为每公吨 520 美元，现改报 CIF 价，投保一切险，投保加成 10%，试计算 CIF 价和保险费。

解：查表钢材为指明货物，其每公吨保险费计算如下：

(1) 查一般货物费率表，到日本的一切险费率为 0.25%

(2) 查指明货物费率表，钢材加费费率为 0.3%

(3) 实际保险费率＝0.25%＋0.30%＝0.55%

(4) CIF＝520÷[1－(1＋10%)×0.55%]＝523.165 2(美元)

(5) 保险费＝保险金额×保险费率

＝523.165 2×(1＋10%)×0.55%

＝3.165 1 (美元)

（二）佣金核算

佣金（COMMISSION）是买方或卖方付给中间商的报酬。包含佣金的价格称含佣价。价格中不包括佣金则称为净价，净价与含佣价之间的换算关系是：

净价＝含佣价－佣金

佣金＝含佣价×佣金率＝报价×佣金率

净价＝含佣价－含佣价×佣金率＝含佣价×(1－佣金率)

含佣价＝净价÷(1－佣金率)

具体到某一价格术语：

FOB 含佣价＝FOB 净价÷(1－佣金率)

CFR 含佣价＝CFR 净价÷(1－佣金率)

CIF 含佣价＝CIF 净价÷(1－佣金率)

但 CIF 有其特殊性，所以上述 CIF 含佣价的公式也可以表述如下：

CIF 含佣价－CIF 净价÷[1－佣金率－(1＋投保加成率)×保险费率]

例 2—9：设 CFR 为 840 美元，加成 10%投保，保险费率为 1.2%，如客户要求改报 CIFC5，试求其含佣价格。

解：CIFC5 ＝CFR÷[1－(1＋投保加成率)×保险费率－佣金率]

＝840÷[1－(1＋10%)× 1.2%－5%]

＝896.67 (美元)

（三）利润核算

价格中所包含的利润大小往往由商品、行业、市场需要以及企业的价格策略来决定，因此，它并没有一定的标准。利润作为商人自己的收入，其核算方法由商人自己决定。在实践中，商人决定利润的方法有两种，一是商人根据以往经营的经验按某一固定的数额作为单位商品的利润；二是以一定的百分比作为经营的利润率来核算利润额，在用利润率来核算利润额时，应当注意计算的基数，可以用某一成本（生产成本、购货成本或出口成本）作为计算利润的基数，也可以用销售价格作为计算利润的基数。即：

利润额＝出口成本×利润率，或：利润额＝出口报价×利润率

例 2—10：某贸易公司单位产品的出口包括运费在内的总支出成本为 100 美元，假设预期利润率为 15%，计算出口价格和利润额。

解：(1) 以出口成本为计算利润的基数，那么：

出口价格＝出口成本＋利润额
　　　　＝出口成本＋出口成本×利润率
　　　　＝出口成本×(1＋利润率)
　　　　＝100×(1＋15%)＝115(美元)

利润额＝100×15%＝15（美元）

(2) 以出口销售价格为计算利润的基数，那么：

出口价格＝出口成本＋利润额＝出口成本＋出口价格×利润率

出口成本＝出口价格－出口价格×利润率
　　　　＝出口价格×(1－利润率)

出口价格＝出口成本÷(1－利润率)
　　　　＝100÷(1－15%)＝117.64（美元）

利润额＝出口报价×利润率
　　　＝117.64×15%＝17.64（美元）

由此可见，计算利润的基础不同，出口报价和利润大小也不同。因此，公司在进行价格核算时应特别注意本公司的利润核算依据，以免报价失误，造成损失。

第二节　出口报价核算及还价核算

一、出口报价核算

了解了出口价格各要素核算方法及要点后，我们就可以着手进行出口报价的核算了。所谓出口报价，是出口商向国外客户出售某商品报出的价格。在计算价格时，我们首先需要明确价格的构成，即所报价格由哪些部分组成，然后则需要清楚了解各组成部分的计算方法，也就是出口成本、各项费用以及利润的计算依据，最后将各部分加以合理的汇总即可。

实际业务中，经常报 FOB，CIF 和 CFR 价格，这三种价格核算如下所示。

1. FOB 价格核算公式

FOB 价＝出口成本＋预期利润
　　　＝实际购货成本＋单位产品国内总费用＋预期利润额

或：

FOB 价＝实际购货成本＋单位产品国内总费用＋预期利润额＋佣金

2. CIF 价格核算公式

CIF 价＝出口成本＋出口运费＋运输保险＋预期利润额

或：

CIF 价＝实际购货成本＋单位产品国内总费用＋单位产品出口运费
＋运输保险费＋预期利润额＋佣金

3. CFR 价格核算公式

CFR 价格＝出口成本＋出口运费＋预期利润额

或：

CFR 价＝实际购货成本＋单位产品国内总费用＋单位产品出口运费
＋预期利润额＋佣金

下面通过一个具体的案例，来说明出口报价核算操作。

例 2—11：某食品进出口公司收到日本商人求购 17 吨冷冻水产（计一个 20 英尺集装箱）的询盘，经了解该级别水产品每吨的进货价格为5 600元人民币（含增值税17%）；出口包装费每吨 500 元；该批货物国内运杂费计 1 200 元；出口商检费 300 元；报关费 100 元；港区港杂费 950 元；其他各种费用共计1 500元。该食品进出口公司向银行贷款的年利率为 8%；预计垫款时间 2 个月；银行手续费率为 0.5%（按成交价格计），出口冷冻水产的退税率为 3%；其海洋运费从装运港青岛至日本神户一个 20 英尺冷冻集装箱的包箱费率是2 200美元，用户要求按成交价的 110%投保，保险费率 0.85%；日本商人要求在报价中包括 3%的佣金。若该食品进出口公司的预期利润是 10%（以成交金额计），人民币对美元汇率为 8.25：1，试报出每吨水产出口的 FOB，CFR 和 CIF 价格。为保持数据的相对准确性，运算过程保留四位小数，最终报价保留两位小数。

解：实际购货成本＝购货价格－出口退税额
＝购货成本×(1＋17%－退税率)÷(1＋17%)
＝5 600×(1＋17%－3%)÷(1＋17%)
＝5 600×1.14÷1.17＝5 456.410 3(元/吨)

费用：

国内费用＝500＋(1 200＋300＋100＋950＋1 500)÷17＋5 600×8%÷6
＝812.902（元/吨）（注：贷款利息通常根据进货成本来核算）

银行手续费＝报价×0.5%

客户佣金＝报价×3%

出口运费＝2 200÷17＝129.411 8（美元）＝1 067.647 3（元）

出口保费＝CIF 价×110%×0.85%

利润＝报价×10%

FOB 报价：

FOBC3＝实际购货成本＋国内费用＋佣金＋银行手续费＋预期利润额
＝5 456.410 3＋812.902＋报价×3%＋报价×0.5%＋报价×10%

FOBC3＝(5 456.410 3＋812.902)÷(1－3%－0.5%－10%)
＝6 269.312 3÷0.865÷8.25
＝878.52（美元/吨）

CFR 报价：

CFRC3 ＝实际购货成本＋ 国内费用＋出口运费＋佣金＋ 银行手续费
＋预期利润额
＝5 456.410 3＋812.902＋1 067.647 1＋报价×3%＋报价
×0.5%＋报价×10%

CFRC3 ＝(5 456.410 3＋812.902＋1 067.647 1)÷
(1－3%－0.5%－10%)
＝7 336.959 4÷0.865÷8.25
＝1 028.13（美元/吨）

CIF 报价：

CIFC3 ＝实际购货成本＋国内费用＋出口运费＋佣金＋银行手续费
＋出口保险费＋预期利润额
＝5 456.410 3＋812.902＋1 067.647 1＋报价×3%＋报价
×0.5%＋报价×110%×0.85%＋报价×10%

CIFC3 ＝(5 456.410 3＋812.902＋1 067.647 1)÷(1－3%－0.5%
－110%×0.85%－10%)
＝7 336.959 4÷0.855 65÷8.25
＝1 039.36（美元/吨）

通过以上计算，17 吨冷冻水产品的出口报价如下：

US＄878.52 PER METRIC TON FOBC3 QINGDAO

US＄1028.13 PER METRIC TON CFRC3 KOBE

US＄1039.36 PER METRIC TON CIFC3 KOBE

二、还价核算

在进出口业务中，作为一个出口商，在对外报价后十分希望收到肯定的回复。然而，交易中很少碰上不还价的对手，在激烈的市场竞争环境中，讨价还价在交易磋商中是再正常不过的。在进出口交易中，无论出口商还是进口商，在收到对方的报价后立即接受成交，即一锤定音的情况很少见。那么，在收到对方还价后，进行还价核算，以便对还价作出合理反应，进行再还价或接受就显得很重要了。出口商进行还价核算可以采取以下几个方面的对策。

(1) 努力说服客户接受原价，不作让步。追求利润是买卖双方经营的目标，利润太低，出口商自然不太愿意接受，但利润太高也会吓跑客户，失去成交的机会。因此，要详细了解客户的需求和市场的竞争状况，谨慎地采取这一对策。

(2) 减少公司的利润以满足客户的降价要求。这虽然是最直接和最简便的方法，但它牺牲的是出口商自身的利润，因而它往往是出口商最不愿意采取的对策。

(3) 降低采购成本。采购成本在价格构成中所占比例最大，通过降低供货价格来调整报价，达到降低报价目的，在还价核算中就显得很重要。当然，降低采购价格不是一相情愿的，它需要经过同供货商艰苦的谈判才可能实现。

(4) 减少运输费用和保险费支出。目前经营外运和保险的公司较多，竞争激烈、经营灵活。通过谈判，运费和保险费也是可以调整的。另外，增加数量，也可分摊出口成本，使价格下降。

总而言之，无论采用什么对策，正确的还价核算都是必要的。

在出口还价核算时，出口商首先考虑的是在客户还价后，自己是否还有利润？利润是多少？计算利润额时，根据以单一商品利润或一个品种的利润额为基础还是以一个集装箱或整个订单的利润额为基础可分为单价法和总价法。总价法比较直观且比较精确。除了计算利润额以外，有时出口商还会进行利润率的核算。核算利润率的主要目的是将经过还价后的利润和报价利润率进行比照。

下面我们以上述列出的出口报价的案例，来分析出口还价核算过程。

例 2—12：上述食品进出口公司向日本商人报出冷冻水产品的价格后，随即收到日本商人的还价，每吨 CIF 神户的接受价是 990 美元，其中包括 3%的佣金，请根据还价计算：

(1) 如果接受还价，该食品进出口公司每出口一吨冷冻水产品可以获利多少元人民币？总利润额为多少？利润率为百分之几？(精确至元)

(2) 如果该食品进出口公司 10%的利润率不得减少，在其他国内费用保持不变的情况下，公司能够接受的供货价格应为每公吨多少元人民币？

解：有关数据如下：

报价数量：17 吨（计一个 20 英尺集装箱）。

购货价格：每吨 5 600 元人民币（含增值税 17%），出口退税率为 3%。

国内费用：运杂费共计 1 200 元，出口包装费每吨 500 元，出口商检费共 300 元，报关费共 100 元，港区港杂费共 950 元，其他各种费用共计1 500元。贷款年利率为 8%，垫款时间 2 个月。银行手续费率为 5%（按成交价格计）。

出口运费：2 200 美元。

保险：按 CIF 价格的 110%投保，保险费率 0.85%。

佣金：3%。

预期利润：10%（以成交金额计）。

汇率：8.25 元人民币兑换 1 美元。

报价如下：

实际购货成本＝5 600－5 600÷(1＋17%)×3%

＝5 600－143.589 7＝5 456.410 3（元/吨）

国内费用＝500＋(1 200＋300＋100＋950＋1 500)÷17＋5 600×8%÷6

＝812.902 0（元/吨）（注：贷款利息通常根据采购成本来计算）

银行手续费＝报价×0.5%

客户佣金＝报价×3%

出口运费＝2 200×8.25÷17＝1 067.647 0（元）

出口保费＝CIF 报价×110%×0.85%

利润＝报价×10%

CIFC3 报价＝实际购货成本＋国内费用＋出口运费＋客户佣金

＋出口保险＋预期利润

＝5 456.410 3＋812.902 0＋1 067.647 0＋报价×3%(佣金)

＋报价×0.5%(银行手续费)＋ 报价×110%

×0.85%(出口保险费)＋报价×10%(利润)

CIFC3 ＝(5 456.410 3＋812.902 0＋1 067.647 0)

÷(1－3%－0.5%－110%×0.85%－10%)

＝7 336.959 3÷0.855 65÷8.25

＝1 039.36（美元/吨）

还价核算：

(1) 按照客户提出的价格 990 美元 CIFC3％神户。

食品进出口公司可望获取的利润额

＝销售收入－实际购货成本－国内费用－出口运费－银行手续费－保险费－佣金

＝990×8.25－5 456.410 3－812.902－1 067.647 1－990×8.25×(0.5％＋110％×0.85％＋3％)

＝830.540 7－362.228 6

＝468.312 1（元/吨）

总利润额＝468×17＝7 956（元）

利润率＝468÷8 167.5×100％＝5.73％

(2) 假设该食品进出口公司 10％的销售利润保持不变。

每吨冷冻水产品的国内采购价格

＝销售收入－销售利润－保险费－佣金－银行费用－国内费用－出口运费＋退税收入

注意：国内费用中的银行利息＝采购价格×8％÷6；

退税收入＝采购价格÷(1＋17％)×3％

＝[990×8.25×(1－10％－1.1×0.85％－3％－0.5％)－738.235 3－1 067.647 0]÷[1＋(8％÷6)－(3％÷1.17)]

＝5 182.639÷0.987 69＝5 247.23（元/吨）

第三节　进口成本核算

一、进口货物成本的计算公式

进口货物成本的计算公式如下：

FOB 进口货物成本＝FOB 进口合同价＋运费＋保险费＋进口国内费用＋进口税费

CFR 进口货物成本＝CFR 进口合同价＋保险费＋进口国内总费用＋进口税费

CIF 进口货物成本＝CIF 进口合同价＋进口国内总费用＋进口税费

二、进口合同价格

进口合同价格在进口合同成立之前是一种估价，它是买卖双方通过磋商可以取得一致意见的合同价格，有时进口方会争取以此价格为基础进行交易。在合同成立后，它就成为合同写明的商品价格。

三、进口国内总费用

进口国内总费用包括的内容有以下几个方面：

(1) 卸货费、驳船费、码头建设费、码头仓租费等费用；
(2) 进口商品的检验费和其他公证费用；
(3) 银行费用，如开证费及其他手续费；
(4) 报关提货费；
(5) 国内运费、仓租费；
(6) 从开证付款至收回货款之间所发生的利息支出；
(7) 其他费用。

在 FOB 条件下进口运输和保险由进口方办理，并支付运费和保费，其计算方法与出口中运输和保险费的核算方法相同。但进口货物需交纳进口关税和海关代征的商品流转税，如增值税、消费税等。

四、货物进口关税的计算

海关在征收关税的工作中，要做到依率计征，除了要对进出口货物进行税则归类，确定应按哪个税号的适用税率征税外，还要正确审定计征关税的计税价格，计税价格即海关完税价格，它是海关计征关税的依据。

(1) 进口货物完税价格。进口货物完税价格由海关以进口货物的成交价格为基础审核确定。一般包括货价、货物运抵中华人民共和国海关境内输入地点起卸前的运费和保费。通常以 CIF 价为基础。若货物在交易的过程中，卖方付给我方正常的折扣，则应在成交价格中扣除。

进口货物采用 CFR 价格术语成交，应加保险费组成完税价格。其公式为：

完税价格＝CFR÷(1－保险费率)

进口货物采用 FOB 价格术语成交，应加保险费和运费组成完税价格，其公式为：

完税价格＝(FOB 价＋运费)÷(1－保险费率)

(2) 进口货物应纳关税计算。完税价格确定后，查出适用的税率就可以直接进行计算了。其公式为：

应纳关税额＝应纳税进口货物数量×完税后价格×适用关税税率

五、应纳消费税的计算

从国外进口应税消费品，海关要征收消费税。消费税的计算执行从价税和从量税两种计算方法，分别介绍如下。

(1) 从价定率消费税征收。我国消费税采用价内税，即计税价格组成中包括消费税税额，计算公式如下：

单位货物应纳消费税税额＝组成计税价格×适用消费税税率

组成计税价格＝关税完税价格＋关税＋消费税

其中，关税完税价格即上述进口货物完税价格。故公式可整理为：

组成计税价格＝[关税完税价格×(1＋适用关税税率)]
÷(1－适用的消费税税率)

(2) 从量定额征收应纳消费税，以海关核定的应税消费进口数量为计税依据，计算公式为：

应纳消费税额＝应纳税进口数量×适用定额税率

六、应纳增值税的计算

增值税属于价外税，它由组成应纳增值税价格与适用的增值税税率计算所得，即：

应纳增值税额＝组成计税价格×适用税率×应税进口数量

组成计税价格＝关税完税价格＋关税＋消费税

若进口货物为非应税消费品，则不征消费税。

例 2—13：我国 A 公司进口雪茄烟 100 箱，每箱价格为人民币 1 500 元 FOB 伦敦，设每箱运费为人民币 100 元，保险费率为 1%，要求计算该批货物应纳关税税额、消费税额、增值税率。

解：查海关税则得，雪茄烟进口关税为 65%，消费税率 40%，增值税率 17%。

进口关税完税价格＝(FOB 价＋运费)÷(1－保险费率)

＝(1 500＋100)÷(1－1%)＝1 616.161 6(元)

应纳关税额＝应纳进口货物数量×单位完税价格×适用税率

＝100×1 616.161 6×65%＝105 050.51 (元)

组成消费税计税价格＝[关税完税价格×(1＋适用关税税率)]

÷(1－适用消费税税率)

＝[1 616.161 6×(1＋65%)]÷(1－40%)

＝4 444.444 4 (元)

应纳消费税额＝组成消费税计税价格×适用消费税率×应纳进口数量

＝4 444.444 4×40%×100

＝177 777.78 (元)

组成增值税计税价格＝关税完税价格＋关税＋消费税

＝[关税完税价格×(1＋适用关税税率)]

÷(1－适用消费税税率)

＝[1 616.161 6×(1＋65%)]÷(1－40%)

＝4 444.444 4 (元)

应纳增值税税额＝组成增值税计税价格×适用税率×应纳税进口数量

＝4 444.444 4×17%×100

＝75 555.56 (元)

七、进口总成本

将各项成本加总可得进口总成本，公式如下：

进口总成本＝FOB 合同价＋运费＋保险费＋进口货物国内总费用

＋关税＋消费税＋增值税

＝CFR 合同价＋保险费＋进口货物国内总费用＋关税

＋消费税＋增值税

＝CIF 合同价＋进口货物国内总费用＋关税＋消费税

＋增值税

在例 2—13 中，若国内总费用采用定额费率的方法确定为是合同价格的 3%，则

CIF 价＝FOB 合同价＋运费＋保险费

＝(FOB 合同价＋运费)÷(1－保险费率)

CIF 总价＝(1 500＋100)÷(1－1%)×100＝161 616.16 (元)

进口货物国内总费用＝1 500×100×3%＝4 500（元）

进口货物总成本＝161 616.16＋4 500＋105 050.51＋177 777.78
＋75 555.56
＝524 500.01（元）

若进口是通过中间商进行的，还要加上佣金。

模拟实训题

1. 成本核算操作

（1）某公司拟出口一批玩具，已知玩具的出口退税率是9%，玩具供货商报出的价格和数量如下，增值税率为17%，试计算公司出口该批玩具可以获得的退税额为多少。

货　号	品　名	供货价格（人民币元）	数　量
JTY2482	长颈鹿	每只32元	5 000只
JTY6723	恐　龙	每打165元	700打
JTY6544	黑猩猩	每只28元	900只
JTY9832	沙皮狗	每打180元	1 000打

（2）晨星公司出口一批工具至欧洲，三个货号的产品的采购成本分列如下，请按17%的增值税率和8%的出口退税率计算出每个货号的实际采购成本。

货　号	品　名	采购成本	实际成本（人民币元）
MF1505	Rechargeable electric driller	260元/台	
KT100	100pc tool kit	180元/台	
KT100－1	100pc tool kit	165元/套	

（3）已知某产品的实际成本为人民币176元和142元，该类产品出口退税率为6%，增值税率是17%，试计算出该产品的购货成本为多少元人民币。

（4）天工化工厂向源丰进出口公司供应某化工原料750吨，工厂生产该类化工产品为每吨550元人民币，销售利润是生产成本的10%，已知增值税率是17%，出口此类化工原料的退税率为5%，试计算：

1）天工化工厂给源丰进出口公司的供货价格应为每吨多少元人民币？

2）源丰进出口公司向天工化工厂采购该化工原料的实际成本是每吨多少元人民币？

3）源丰进出口公司应向天工化工厂支付的货款总额为多少元人民币？

4）源丰进出口公司出口这批化工原料后可以获得的退税款总额为多少元人民币？

2. 海洋运费核算

（1）上海某公司出口一批全棉细坯部（COTTON PIECE GOODS），货物的总毛重为43 050公斤，尺码为93.035立方米，进口商要求用散货运往日本的大阪港（OSAKA），试计算出口运费总额为多少美元。

（2）某化工公司从上海出口一批半危险化工品至泰国曼谷（BANGKOK），该批货物的净重为20 000千克，货物包装重量是1 800千克；每件货物的包装尺码为80cm×55cm×50cm，共100件，请计算货物的总运费。

（3）闵华公司出口一批陶瓷器皿至美国的波士顿（BOSTON），该批货物的成交数量及包装详情如下，试求每个货号的单位运价以及该批货物的总运价。

货号	起订数量	计量单位	包装种类	包装方式（件）	毛重（kgs）	净重（kgs）	尺码长（cm）	宽（cm）	高（cm）
NF 911	1 200	SET	Carton	4	19	14.5	54.5	28.5	40.7
NY102	800	SET	Carton	2	14	11	56.5	35	24

（4）某公司出口皮制运动手套至丹麦的哥本哈根（COPENHAGEN），货物为纸箱包装，每箱的尺码为 56cm×40cm×38cm，每个纸箱内装手套 4 打。货物的总件数是 120 纸箱。试求成交的总打数、总运费额以及每打手套的运费是多少。

3. 集装箱货物海洋运费核算操作

（1）上海药材公司出口一批中成药至新加坡，货物的毛重为 4 352 千克，体积 20.2 立方米，装一个 20 英尺集装箱，试核算运费。

（2）有一批打字机需从上海出口到澳大利亚的阿德莱德（ADELAIDE），货物用纸箱装运，每箱的尺码为 44cm×44cm×30cm，毛重是 22 千克，每箱装 4 台。如果用集装箱整箱出口，试计算用 20 英尺和 40 英尺集装箱出口打字机的单位运价分别为多少美元。

（3）乐声公司拟出口小提琴到土耳其，出口的货号分别为 M7005 和 M7010，客户要求用集装箱装运，每个货号订购一个 20 英尺集装箱，货物的目的港是伊斯坦布尔（ISTANBUL）。这两个货号的小提琴均为纸箱包装，每箱装 6 把，纸箱的尺码分别是 65cm×58cm×56cm 和 78cm×62cm×60cm，问每个 20 英尺集装箱可装小提琴分别是多少把？M7005 和 M7010 小提琴的出口运价分别是每把多少美元？

（4）上海不锈钢制品公司出口两个货号的不锈钢厨具给埃及玛尔贸易公司，货物等量拼装于一个 20 英尺的集装箱运至塞得港（PORT SAID），试根据以下包装条件求出每套厨具的出口运费。

货号	计量单位	包装种类	装箱方式（件）	毛重（kgs）	净重（kgs）	尺码长（cm）	宽（cm）	高（cm）
3SA1	SET	CARTON	2	24	18	56	32.5	49
3SA2	SET	CARTON	2	24	18	56	32.5	49

4. 保险费、佣金核算及价格换算操作

（1）某公司出口货物一批，成交价格为 CIF，总金额为 12 000 美元，与买方约定按发票金额的 110%投保海运一切险，费率分别为 0.8%和 0.38%，问该批货物应付的保险费为多少美元？

（2）星晨公司拟出口手电筒给欧洲某客商，报出的价格是每打 39 美元 FOB 上海，现接客户传真要求改报 CIF 汉堡价。货物装一个 20 英尺的集装箱，手电筒用纸箱包装，每箱装 10 打，尺码为 68cm×55cm×57cm；已知货物的运费等级为 9 级，保险加成率为 10%，保险费率 1%，请首先算出每打手电筒的运费，然后报出正确的 CIF 价。

（3）辰光贸易公司向新西兰某客户出口童车，公司报出的价格是每辆 26 美元 CIF（AUCKLAND），童车出口采用纸箱包装，每箱装两辆，纸箱的尺码为 80cm×50cm×42cm，保险按 CIF 成交价格加二成投保，保险费率 0.65%，现请根据客户要求改报 FOB 上海的美元单价。

（4）某公司向国外客户报价供应货物 3 000 公吨，单价为每公吨 450 美元 FOB 上海（净价），现接客户传真要求出口人在价格中包含 5%的佣金，请报出 FOB 的含佣价并计算按此条件成交时出口商共需支付佣金多少美元。

(5) 某商品的CFR汉堡的单价是每台750美元，外商要求改报CIFC3%汉堡价，投保一切险和战争险，费率分别为0.8%和0.5%，按照CIF成交金额加上10%投保，试计算CIFC3%价格。

(6) 某饲料公司向北欧商人出口合成饲料，交易双方用FOB含佣金3%的价格达成交易，每公吨的价格为375美元。货物出运前夕，外商因洽租船舶受挫，委托出口人办理租船事宜并要求按CIFC3金额的110%投保一切险和战争险，费率分别为0.8%和0.5%，海洋运费为每公吨103美元，问出口人最终报出的价格应为多少美元？

5. 出口报价核算

(1) 某不锈钢制品公司出口一批不锈钢制品至非洲拉各斯（LAGOS），货物的规格及包装如下：

品名：不锈钢制品

货号：	3SAS1012RL	3SAS1013	3SAS1007	3SAS1004
包装：	2套/纸箱	2套/纸箱	3套/纸箱	8套/纸箱
尺码：	56cm×32.5cm×49cm	61.5cm×30.5cm×74cm	56cm×32.5cm×53.5cm	63cm×35.5cm×25cm
毛/净重：	24/18kgs	27/22kgs	25/20kgs	15/10kgs
供货价：	160元/套	144元/套	145元/套	55元/套

试以每个货号一个20英尺集装箱为起订量，分别报出FOB、CFR和CIF包括3%佣金的美元价格。出口一个20英尺集装箱所发生的国内费用有：国内包干费用2 100元、银行手续费400元、业务费用1 200元、其他费用共计1 000元。公司利润率是报价的10%，增值税率17%，出口退税率8%，投保加成率为10%，费率为0.75%。

(2) 根据下列资料分别报出四个货号成品FOB、CFR和CIF价：

品名：火车牌足球（TRAIN BRAND FOOTBALL）

货号：	SWB32S	KOWB532	KS32S	KWB32
包装方式：	24只/纸箱	50只/纸箱	24只/纸箱	50只/纸箱
尺码：	58cm×42cm×41cm	65cm×60cm×59cm	58cm×42cm×41cm	65cm×60cm×59cm
毛/净重：	14/12kgs	28/26kgs	14/12kgs	28/26kgs
供货价：	165元/只	45元/只	85元/只	60元/只

已知足球的增值税率为17%，出口退税为8%。

(3) 上海某公司收到美国SPORTSMAN公司来电求购500套运动衫，要求分别报出每套运动衫的FOB、CFR和CIF美元价格。经了解，运动衫的国内购货成本为每套人民币450元（含税）；包装是50套1纸箱，毛重44千克，纸箱尺码是60cm×60cm×50cm，包装费用为每箱75元；国内运杂费共1 000元；商检报关费共600元；港区港杂费共400元，晨星公司业务费共500元；其他费用共400元；经查，运动衫出口海洋运费按尺码计算，装运港至纽约港每立方米的运费为125美元；海运出口的保险费将按CIF成交价格加一成投保水渍险，费率为69%；此外，运动衫出口有8%的退税；出口的银行费用是0.5%（按成交价格计算）；晨星公司的预期利润为出口报价的8%；美国SPORTSMAN公司要求在报价中包括该公司的5%的佣金；人民币对美元的汇率是8.25元人民币兑换1美元。

(4) 某资源贸易公司出口一批锰铁矿石给日本某公司，已知该矿石的国内含税供货价格是每吨 2 800 元人民币，公司出口的定额费率为采购成本的 3%，国内费用共计为每吨 75 元；锰铁矿石出口需缴纳 20%的出口税，增值税率 17%，出口退税率是 5%；出口商进行此项交易需垫款 30 天，银行利率为 8%（一年按 360 天计）；公司要求的预期利润率是 9%，人民币对美元的汇率是8.25∶1；日本客户要求在报价中包括其 3.5%的佣金，试报出正确的 FOB 出口价格并计算出口商每出口一吨锰铁矿石应缴纳的出口关税为多少元人民币。

6. 出口还价核算操作

(1) 根据下列资料，进行还价核算：

供货单价：	HX1115	HX2012	HX4405	HX4510
	152 元/套	132 元/套	144 元/套	165 元/套
包装方式：	1 套/纸箱	2 套/纸箱	1 套/纸箱	1 套/纸箱
包装尺码：	40cm×32cm ×36cm	44cm×40cm ×35.5cm	54cm×29cm ×36cm	75cm×41cm ×32cm

（注：价格中均包括 17%的增值税，出口退税率为 9%）

出口一个 20 英尺集装箱需发生的国内费用包括：运杂费 800 元；商检费 150 元；报关费 50 元；港区港杂费 650 元；公司业务费1 200元；其他费用 900 元。海洋运费从上海至加拿大多伦多一个 20 英尺集装箱的包箱费率为1 750美元；保险按 CIF 成交金额加 10%投保中国人民保险公司海运货物保险条款中的水渍险、碰损破碎险和战争险，费率分别为：0.5%、0.3%和 0.16%；客户佣金是成交价格的 5%，出口商的报价利润为 10%；报价汇率是 8.25 元人民币兑换 1 美元。

出口报价：	HX1115	HX2012	HX4405	HX4510
CIFC5%	US$25.11/SET	US$20.88/SET	US$25.12/SET	US$32.23/SET
客户还价：	US$23.00/SET	US$19.20/SET	US$22.90/SET	US$29.40/SET

1) 经客户还价后，某出口商每个品种陶瓷餐具出口（以一个 20 英尺集装箱为计算单位）可获多少人民币利润额，交易利润率为多少？

2) 如果海运集装箱包箱费率下调 10%，采购成本下降 8 元，各品种的利润额及利润率为多少？

3) 在出口运价不变、利润率调整为 8%的情况下，该出口商应当掌握的各货号陶瓷餐具的国内价格分别为多少？

(2) 根据以下提供的资料，进行还价核算：

供货单价：	KB0677	KB7900	KP2273	KC2048	KB0278
	86 元/套	68 元/套	36 元/套	47.5/套	88 元/套
包装方式：	8 套/纸箱	8 只/纸箱	60 只/纸箱	30 只/纸箱	4 套/纸箱
包装尺码：	48cm×64cm ×60cm	60cm×26cm ×53cm	100cm×72cm ×25cm	70cm×65cm ×52cm	65cm×45cm ×40cm

（注：价格中均包括 17%的增值税，出口退税率为 8%）

出口一个 20 英尺的集装箱产生的费用有：运杂费 860 元；商检报关费 150 元；港区港杂费 600 元；认证费 80 元；业务费1 000元；其他费用 800 元。海洋运费上海至荷兰阿姆斯特丹 20 英尺集装箱包箱费率为2 070美元；保险按 CIF 价格加 10%投保中国人民保险公司海运货物保险条款中的一切险和战争险，保险费率两者相加为 0.85%；

报价利润 8%；汇率为 8.25 元人民币兑换 1 美元。

商品货号：KB0677 KB7900 KP2273 KC2048

出口报价：US＄13.65/SET US＄9.89/PC US＄4.96/PC US＄6.99/PC

报价条件：CIFC3AMSTERDAM

还价数量：1 080SETS 1 208PCS 4 140PCS 3 150PCS

客户还价：US＄13.00/SET US＄9.00/PC US＄4.60/PC US＄6.40/PC

还价条件：CIFC3AMSTERDAM

1）如果接受客户还价订单，毛绒玩具出口商前 4 个货号共能获利多少元人民币？成交利润率为多少？

2）在汇率变化为 1 美元兑换 8.33 元人民币，出口退税率调整为 10%情况下，前 4 个货号可以使出口商获利多少元人民币？利润率是多少？

3）如出口商同意客户提出的 KB0278CIFC5 价格，那么：

A：出口一个 40 英尺集装箱将可获利多少元人民币？利润率是多少？

B：若公司期望保持其 8%的利润率，在其他条件不变的情况下，出口商可以接受的海运包箱费率应为多少美元？（出口一个 40 英尺集装箱的海运费用是3 910美元，国内费用总额为5 584元人民币）

C：如果 40 英尺集装箱的海运包箱费率下调 250 美元，该公司的出口利润率改为 7%，KB0278 的国内采购成本应为每套多少元人民币？

（注：客户要求 KB7900 和 KP2273 拼装在一个 20 英尺集装箱内，另两个货号各装一个 20 英尺整箱；另外，客户提出，如果接受 KB0278 每套 13.30 美元 CIFC5%AMSTERDAM 的价格，可以即刻订购一个 40 英尺整箱。出口一个 40 英尺集装箱的海运费用是3 910美元，国内费用为5 584元人民币。）

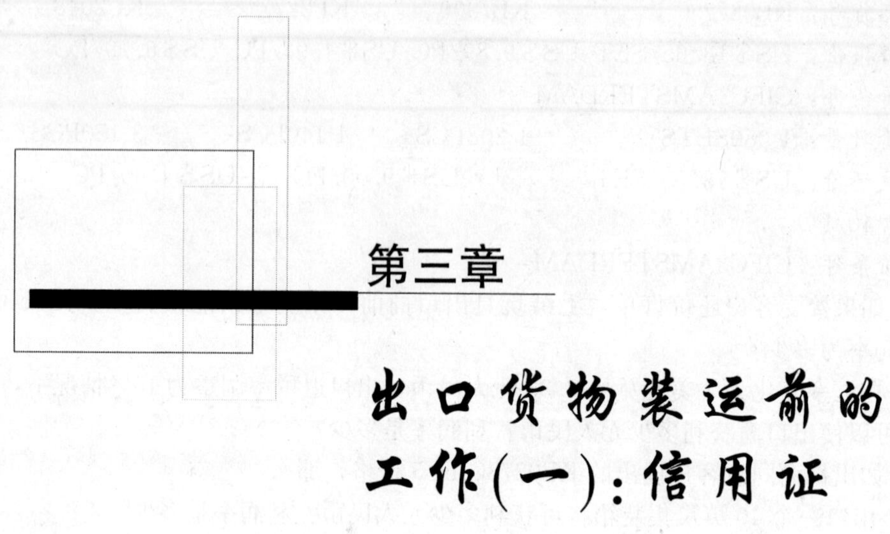

第三章 出口货物装运前的工作(一):信用证

在进出口业务中，信用证是开证行向第三者（受益人/出口人）开立的承诺并凭规定的单据保证付款的凭证。它通过银行信用的介入，使出口方及时安全收汇得到有力的保障。在凭信用证支付的交易中，信用证的开立、审核及修改是履行进出口合同不可缺少的重要环节。

［实训要点］

1. 拟写开证申请书
2. 审核信用证的要点
3. 拟写修改信用证的信函

第一节　信用证的特点内容和形式

一、信用证的特点和内容

（一）信用证的特点

1. 银行承担第一性的付款责任

无论在何种情况下，信用证都表示银行（不管是开证行还是保兑行）对受益人负第一性的付款责任。只要受益人所提交的单据与信用证条款一致，即使申请人未能履行其付款义务，银行也应承担对受益人的付款责任。也就是说，只要受益人按照信用证的规定行事，就能保证从银行取得货款。

2. 一份独立自主的文件

信用证以买卖双方签订的合同为基础，但它一经开立，就成为独立于合同的另一种契约。信用证业务中的有关当事人，包括银行与受益人，只受信用证规定的各种条款的约束。

3. 银行只处理单据

在信用证业务中，各有关当事人处理的只是单据。实际货物是否与销售合同一致，对于银行来说无关紧要。银行只负责审查所有单据，确认它们在表面上是否与信用证条款一致。对于欺诈性的单据，银行不知情则不予负责。

（二）信用证的主要内容

目前，各银行的信用证虽无统一格式，但其基本内容大致相同，主要包括以下六个方面。

1. 关于信用证本身

（1）信用证的类型（Form of Credit）；

（2）信用证号码（L/C Number）；

（3）开证日期（Date of Issue）；

（4）信用证金额（L/C Amount）；

（5）有效期和到期地点（Expiry Date and Place）；

（6）开证银行（Issuing/Opening Bank）；

（7）通知银行（Advising/Notifying Bank）；

（8）开证申请人（Applicant）；

（9）受益人（Beneficiary）；

（10）单据提交期限（Documents Presentation Period）。

2. 关于汇票

（1）出票人（Drawer）；

（2）付款人/受款人（Drawee）；

（3）付款期限（Tenor）；

（4）出票条款（Drawing Clause）。

3. 关于单据（单据的种类、份数和具体要求）

（1）商业发票（Commercial Invoice）；

（2）提单（Bill of Lading）；

（3）保险单（Insurance Policy）；

（4）产地证明（Certificate of Origin）；

（5）其他单据（Other Documents）。

4. 关于货物

包括品名、货号和规格（Commodity Name，Article Number and Specification）、数量和包装（Quantity and Packing）以及单价（Unit Price）等。

5. 关于运输

（1）装货港（Port of Loading/Shipment）；

（2）卸货港或目的地（Port of Discharge or Destination）；

（3）装运期限（Latest Date of Shipment）；

（4）可否分批装运（Partial Shipments Allowed/Not Allowed）；

（5）可否转船运输（Transshipment Allowed/Not Allowed）。

6. 其他

（1）附加条款或特别条款（Additional Conditions or Special Conditions）；
（2）开证行对议付行的指示（Instructions to Negotiation Bank）；
（3）背批议付金额条款（Endorsement Clause）；
（4）索汇方法（Method of Reimbursement）；
（5）寄单方法（Method of Dispatching Documents）；
（6）开证行付款保证（Engagement/Undertaking Clause）；
（7）惯例适用条款（Subject to UCP Clause）；
（8）开证行签字（Signature）或电开证中的密押（Test Key）。

二、信用证的形式

信用证的开立可以用信函的方式，也可以用电文方式，目前最流行的格式是根据国际商会制定的电文信用证格式，它是利用 SWIFT 系统所设计的特殊格式。

（一）信开本（Mail Credit）

信开本是以信函格式开立，并用航空挂号等方式寄给受益人或通知行的信用证。信开信用证是早期信用证的主要形式。按照邮递方式的不同，信开本还可以分为平邮、航空挂号和特快专递等。信开信用证并无统一的格式，银行一般都自己事先印就，开证行只需要按照信用证申请书上的要求缮制完毕，就可以邮寄给通知行。

（二）电开本（Cable Credit）

电开本是指采用电文格式开立并以电信方式传递的信用证。通常采用的电信方式主要有电报、电传和 SWIFT。Telex（电传）开具的信用证因费用较高，手续烦琐、条款文句缺乏统一性、容易造成误解等原因，在实务中已为方便、迅速、安全、格式统一、条款明确的 SWIFT 信用证取代。

（三）SWIFT 信用证

SWIFT 的全称是 Society for Worldwide Interbank Financial Telecommunication，即环球同业银行金融电信协会。它是一个国际同业间非营利性的国际合作组织，其总部设在比利时的布鲁塞尔。SWIFT 专门从事传递各国之间的非公开性的国际金融电信业务，其中包括外汇买卖、证券交易、开立信用证、办理信用证项下的汇票业务及托收等。发电成本低廉是 SWIFT 通信方式的一大特点。目前，SWIFT 在全世界拥有会员国 130 多个，会员银行4 000多家，其环球计算机数据通信网在荷兰的阿姆斯特丹和美国的纽约设有运行中心，在各会员国设有地区处理站，为 SWIFT 会员提供安全、可靠、快捷、标准化的通信服务。

SWIFT 用统一的字母和数字来规范电文内容，比如 MT100 代表私人汇款业务，MT400 代表托收业务，MT700，701 代表信用证业务。采用 SWIFT 信用证必须遵守 SWIFT 的规定，亦必须使用 SWIFT 手册规定的代号（Tag），而且信用证必须遵守《UCP600》各项条款的规定。在 SWIFT 信用证中可省去开证行的承诺条款，但不能免除银行所承担的义务。SWIFT 信用证的特点是快速、准确、简明和可靠。

第二节 开立信用证

进口方与出口方签订国际货物进出口合同并确立以信用证为结算方式后，即由进口方向有关银行申请开立信用证。进口方应根据合同规定的时间或在规定的装船前一定时间内申请开证，并填制开证申请书，开证行根据有关规定收取开证押金和开证费用后开出信用证。

一、申请开立信用证

进口人在合同规定的时间向有关银行办理申请开立信用证手续，递交有关合同的副本及附件（如进口许可证、进口配额证、某些部门的审批文件等），交付保证金，支付开证手续费，填写开证申请书。

二、填写开证申请书

进口人根据银行规定的统一开证申请格式，填写开证申请书一式三份，其中一份交银行，另两份分别留公司的业务部门和财务部门。开证申请书是银行开立信用证的依据，必须按合同的具体规定，写明对信用证的各项要求，内容要明确、完整，无词义不清的记载。开证申请书由正面和背面两部分内容组成，具体如下：

（1）正面。正面载明格式化的开证申请人对信用证的要求，即开证申请人按照买卖合同条款，要求在信用证上列明的条款。

（2）背面。背面载明开证申请人对开证行的声明，用以明确双方的责任。主要有下列一些内容：

1）开证行名称；

2）开证通知方式，要明确指示信用证采用全电、简电或信开方式；

3）申请日期；

4）信用证效期及地点；

5）通知行名址；

6）申请人名址；

7）受益人名址；

8）金额（大小写）和币别；

9）信用证类型，即明确信用证是即期付款、承兑、议付或延期付款；

10）受益人必须提供的单据种类、正副本份数、内容及要求等；

11）有关货物的简要描述；

12）必要的附加指示，如国外银行费用由谁负担、提交单据的期限、以第三者为发货人的运输单据可否接受等；

13）价格条件及原产国；

14）装运条款；

15）开证申请人签章；

16）开证申请人保证书（即开证申请书背面的内容）。

三、银行开立信用证

开证行在收到开证申请书后首先要对客户（进口商）进行资信调查（如是否有足够的现汇资金或是否有批准的外汇用汇计划等），以决定进口商应交纳保证金的数额。同时还要审查开证申请书的内容，若发现不妥之处（如开证申请书前后内容矛盾，与有关条款及国家的相关规定相抵触等）要提出修改意见，然后按照开证申请人的要求开立信用证。

第三节 信用证的审核、修改和履行

一、审核信用证

出口方在收到通知行通知的信用证以后，首先要审核信用证。是否认真细致地对国外开来的信用证进行审核是关系到出口商是否能够安全及时收取货款的关键。出口商审核信用证时的主要依据是国内的有关政策和规定、交易双方成交的合同、《UCP600》以及实际业务中出现的具体情况。审核信用证通常遵守的原则是：信用证条款规定比合同条款严格时，应当作为信用证中存在的问题提出修改意见；而当信用证的规定比合同条款宽松时，往往可不要求修改。

（一）信用证审核

信用证的审核主要包括信用证本身的审核和专项审核两部分。

1. 信用证本身的审核

信用证本身的审核包括以下三个方面：

（1）信用证性质：信用证是否不可撤销；信用证是否存在限制性生效及其他保留条款；电开信用证是否为简电信用证；信用证是否申明所运用的国际惯例规则；信用证是否按合同要求加保兑。

（2）对于开证申请人和受益人的名称及地址要仔细加以核对。另外，如果开证行所在国家或地区政局不稳或者开证行本身资信较差，可要求进口商在申请开证时要求开证行在信用证中列明本证由通知行（或其他出口商接受的银行）保兑。

（3）信用证到期日和到期地点：信用证的到期日应该符合买卖合同的规定，一般为货物装运后的第15天或者21天。到期的地点一定要规定是在出口商所在地，以便做到及时交单。

2. 专项审核

专项审核有以下几点需要注意：

（1）信用证金额、币种、付款期限规定是否与合同一致。

（2）货物项目：商品名称、货号、规格、数量、包装（含唛头）等是否与合同一致。

（3）装运项目：装运/卸货港、装运期限、分批转运的规定是否与合同一致。

（4）单据项目：信用证项下要求受益人提交议付的单据通常包括商业发票、海运提单、保险单、装箱单、原产地证、检验证书及其他证明文件。要注意单据由谁出具、能否出具、信用证对单据是否有特殊要求、单据的规定是否与合同条款一致等。

（5）对信用证批注的审核：对信用证上用铅字印好的文句内容和规定，特别是信用证空白处、边缘处加注的打字、缮写或橡皮戳记加注字句，应予以重视。这些词句往往是信用证内容的主要补充或修改，如不注意可能造成事故或损失。

（二）信用证审核中常见的问题

在信用证审核过程中，在以下几个方面经常会遇见一些问题，需要加以注意。

（1）信用证的性质：信用证未生效或有限制性生效的条款；信用证为可撤销的；信开信用证中没有保证付款的责任文句；信用证内漏列适用国际商会UCP规则条款；信用证未按合同要求加保兑；信用证密押不符。

（2）信用证有关期限：信用证中没有到期日（有效期）；到期地点在国外；信用证

的到期日和装运期有矛盾；装运期、到期日或交单期规定与合同不符；装运期或有效期的规定与交单期矛盾；交单期过短。

(3) 信用证当事人：开证申请人公司名称或地址与合同内容不符；受益人公司名称或地址与合同内容不符。

(4) 金额货币：信用证金额不够（不符合合同规定、未达到溢短装要求）；金额大小写不一致；信用证货币币种与合同规定不符。

(5) 汇票：付款期限与合同规定不符；没有将开证行作为汇票的付款人。

(6) 分批和转运：分批规定与合同规定不符；转运规定与合同规定不符；转运港口与合同规定或成交条件不符；目的地与合同或成交条件不符；转运期限与合同规定不符。

(7) 货物：货物品名规格不符；货物数量不符；货物包装有误；贸易术语错误；使用术语与条款有矛盾；货物单价数量之积与总金额不吻合；证中援引的合同号码与日期错误；漏列溢短装规定。

(8) 单据：发票种类不当；商业发票要求领事签证；提单收货人一栏的填制要求不当；提单抬头和背书要求有矛盾；提单运费条款规定与成交条件矛盾；正本提单全部或部分直寄客户；产地证明出具机构有误（国外机构或无授权机构）；漏列必须提交的单据（如 CIF 成交条件下的保险单）；费用条款规定不合理；运输工具限制过严；要求提交的检验证书种类与实际不符；保险单种类不对；保险险别范围与合同规定不一致；投保金额未按合同规定。

二、修改信用证

(一) 信用证修改的原因

当出口商根据合同对信用证进行审核后，若发现与合同规定的内容不符、不能接受或无法办到的条款，为不影响合同的履行和收汇的安全，可按合同规定向进口商提出修改信用证。进口商因一些形势或情况的变化，也可以按规定对信用证提出修改。

从要求修改者的角度划分，信用证修改通常在以下几种情况下发生：

1. 出口方（受益人）要求修改信用证

(1) 由于信用证内容与合同不符。

(2) 信用证中某些条款受益人无法办到。如：来证规定货物不允许转运，但实际并无直航船只抵达目的地等。

(3) 货源或船期等出现问题，要求展期。

2. 进口方（开证申请人）要求展期

(1) 由于市场或销售情况发生变化。如：需要提前或推后发货，增加或减少货物数量或品种，改变信用证单价、金额等。

(2) 进口国某些情况发生变化，致使信用证必须修改，才能进口有关货物。如：进口国政策改变，规定进口某些货物必须具备某特定单据等。

(3) 国际政治、经济形势变化，使进出口风险增加。如：当战争爆发时，进口商要求增保战争险或改变航运路线等。

3. 开证行工作疏漏

开证行在打字或传递工作中造成的错误使信用证必须更正。

(二) 拟写改证函

一份规范的改证函主要包括以下三方面的内容：

（1）感谢对方开来信用证。

（2）列明不符点并说明如何修改。

（3）感谢对方合作，并希望信用证修改书早日开到。

常用的语句如下：

（1）Thank you for you L/C No. SG99WE34 issued by West Country Bank，Los Angeles Branch dated February 5，2000.

（2）We are very pleased to receive your L/C No. YUC9022 established by the National Bank of Bangladesh dated March 1，2001 against S/C No. 98DXB15.

（3）However，we are sorry to find it contains the following discrepancies.

（4）But the following points are in discrepancy with the stipulations of our S/C No. ERT12.

（5）As to the description of the goods，please insert the "red" before "sun".

（6）Please delete the clause "The invoice evidences that the goods are packed in wooden cases，" and insert the wording "The invoice evidences that the goods are packed in seaworthy cartons."

（7）Please amend the amount in figure to US＄78，450.00.

（8）The expiry date should be February 15，2001 instead of February 5，2001.

（9）Please extend the shipment date and the validity of the L/C to March 15，2001 and March 30，2001 respectively.

（10）Thank you for your kind cooperation. Please see to it that the L/C amendment reaches us within next week，otherwise we cannot effect punctual shipment.

三、信用证的履行

信用证的履行需要注意以下几个方面的事项。

（一）单据的提交

在跟单信用证业务中，单据的提交起着非常重要的作用，因为这是信用证最终结算的关键。受益人向银行提交单据后是否能得到货款，在很大程度上取决于是否已开立信用证和单据是否备齐。

（二）交单时间的限制

提交单据的期限由以下三个因素决定：

（1）信用证的失效日期；

（2）装运日期后特定的交单日期；

（3）银行在其营业时间外，无接受提交单据的义务。

信用中有关装运的任何日期或期限中的"止"、"至"、"直至"、"自从"等类似词语，都可理解为包括所述日期。"以后"一词理解为不包括所述日期。

"上半月"、"下半月"理解为该月一日至十五日和十六日至该月的最后一日，首尾两天均包括在内。

"月初"、"月中"或"月末"理解为该月一日至十日、十一日至二十日、二十一日至该月最后一日，首尾两天均包括在内。

（三）交单地点的限制

所有信用证必须规定一个付款、承兑的交单地点，或在议付信用证的情况下须规定一个交单议付的地点，但自由议付信用证除外。

像提交单据的期限一样，信用证的到期地点也会影响受益人的处境。有时会发生这样的情况，开证行将信用证的到期地点定在其本国或他们自己的营业柜台，而不是受益人国家，这对受益人极为不利，因为受益人必须保证于信用证的有效期内在开证银行营业柜台前提交单据。

模拟实训题

根据教师提供的合同审核国外来证，指出信用证存在的问题并说明如何修改。（可以参考第九章提供的合同和信用证）

第四章

出口货物装运前的工作（二）：商品检验

商品检验是国际贸易发展的产物，且随之成为商品买卖的一个重要环节。作为必要的运作程序，商品检验的目的是保证进出口商品的质量，维护对外贸易各方的合法权益。商品检验的对象不仅是货物，还包括与货物运输有关的一切运输工具。

［实训要点］

1. 各国法定进出口检验的内容
2. 各行业常规检验内容
3. 常见检验的程序
4. 检验证明的审核

第一节　进出口商品的检验机构

国际贸易中的商品检验工作，一般是由专业性的检验部门或检验企业来办理。它们的名称很多，其中有的称公证鉴定人，有的称宣誓衡量人或实验室等，统称为商检机构或公证所。

对商检机构而言，其职能作用是把关和服务，既要严格把好进出口商品质量关，又要为对外贸易关系方提供优质服务。

一、官方检验机构

世界各国为了维护本国的公共利益，一般都制定检疫、安全、卫生、环保等方面的法律，由政府设立监督检验机构，依照法律和行政法规的规定，对有关进出口商品进行严格的检验管理，这种检验称为“法定检验”、“监督检验”或“执法检验”。下面介绍一下中国、日本、美国和欧盟各自的官方检验机构。

（一）中国的官方检验机构

和许多国家一样，中国的进出口商品检验是由专门的检验机构进行的。1998 年国务院机构改革中，原国家商检部门——国家进出口商品检验局并入新组建的国家出入境检验检疫局（同时并入的还有原农业部的出入境动植物检疫局和原卫生部的国境卫生检疫局，简称“三检合一”)。2001 年国务院决定将国家质量技术监督局与国家出入境检验检疫局合并，组建国家质量监督检验检疫总局（简称国家质检总局)，其英文译名为：General Administration of Quality Supervision，Inspection and Quarantine of the People's Republic of China，简称仍为 AQSIQ，总局新网址为 www. aqsiq. gov. cn。

国家质检总局是国务院主管的从事全国质量、计量、出入境商品检验、出入境卫生检疫、出入境动植物检疫和认证认可、标准化等工作并行使行政执法职能的直属机构。

根据我国《商检法》授权和国家规定，我国商检机构的基本任务，是实施进出口商品法定检验、公证鉴定、监督管理进出口商品检验工作和统一管理并签发普遍优惠制原产地证书。具体内容如下：

1. 法定检验

法定检验是根据国家法律法规，对规定的进出口商品执行强制性的检验。凡列入我国《检验检疫商品目录》内的进出口商品，都必须经我国的商检机构实施检验。

2. 公证鉴定

商检机构根据对外贸易关系方（如外贸、运输、保险等有关各方以及进口商品的收货人)、代理接运部门和出口商品的生产、供货部门的申请，外国厂商和检验机构的委托，仲裁、司法机关的指定，办理进出口商品的公证鉴定业务，签发各种商品的公证鉴定证书，作为办理进出口商品交接、结算、计费、理算、通关、计税、索赔、仲裁等的有效凭证。

3. 依法监督管理

按照我国《商检法》规定，商检机构应该通过行政管理手段，对进口商品的收货、用货单位、代理接运单位，出口商品的生产、经营单位和储运单位，以及指定或认可的检验机构的进出口商品检验工作进行监督抽查；组织和促使上述有关单位或其他进出口贸易关系方，对其进出口商品按规定进行验收和检验，以保证出口商品质量和防止次劣商品进口。

4. 统一管理并签发普遍优惠制原产地证明书

国家质量监督检验检疫总局设在各地的商检机构，是经我国政府授权的唯一管理和签发普惠制原产地证书的政府机构，签证手续按《中华人民共和国普惠制原产地证明书签证管理办法》办理。

（二）美国的官方检验机构

在美国，习惯上很少说“商品检验”，而称“产品检验”。除产品检验外，还有“服务项目”检验。美国政府设立的产品检验机构基本上都是进口、出口、内销产品检验三位一体的主管机关。

1. 检验机构设置

在美国，官方检验机构检验进出口商品的权限实行专业化分工，分别由相关主管部门负责。

2. 检验的法律依据

美国政府将产品和服务检验、出证的法律、条例和规定均载入美国《联邦法规汇编》(CFR)，每年修订补充、重新出版供政府主管部门依照执行。美国《联邦法规汇编》由政府书店统一经销。每一主管机关实施的法律、条例和规定都有一个特定的卷号，查阅极为方便。

3. 分类管理，强制性检验与监督检验相结合

美国联邦法规规定，政府主管检验、出证的产品有200多种，实施检验出证的项目，概括起来分为三大类：

第一类，完全实施强制性检验（即法定检验）。如对食品、药品、医疗器械、电视机和路灯辐射，陶瓷餐具和茶具的铅、镉限量，民用飞机和航空器材、船用设备的安全性和可靠性，危险品包装检验等，都实施强制性检验。

第二类，部分实施强制性检验。为避免每次采购都进行重复的检验或试验，政府允许经销商或生产厂商可以不持有政府签发的检验证书在市场上公开销售其产品。但是，如果这类产品系政府部门采购或由政府提供资金担保采购的，仍须实施强制性检验。如美国国防部主管的《合格产品目录》列明的产品即属此类。

第三类，基本为非强制性检验。这类产品由政府主管机关制定统一分级标准，在政府实验室或其认可实验室内，由政府检验人员或经其培训发给执照的检验人员进行产品测试、检验及办理生产厂（场）的设计审核、批准及/或注册。允许生产厂或经销商参与部分检验、出证工作，但必须接受政府主管机关检验人员的监督。

（三）日本的官方检验机构

根据日本国家行政体制，政府各部门在自己的分工权限范围内，对有关进出口商品检验工作实行分工管理。经济产业省负责进出口工业品的检验管理；农林水产省负责全国进出口农林水产品和食品的检验和检疫管理；厚生劳动省 负责进出口食品、医药品等卫生方面的检验和管理；国土交通省负责进出口商品运载计量和安全方面的检验管理。

日本政府对进出口商品检验管理主要有以下三个方面：

1. 通过国家立法进行管理

日本政府十分重视发挥法律对社会经济发展的促进作用，陆续颁布一系列法律法规，如《出口检查法》、《食品卫生法》、《工业标准化法》、《出口设计法》、《产品责任法》等，通过立法形式建立加强进出口商品检验管理的依据。这些法律明确规定进出口生产、加工、经营、销售单位以及商品检验、海关等执法部门的法律义务和责任，对违法者依法进行法律制裁。

2. 对重点进出口商品实行强制性检验

根据日本《出口检查法》等有关法律，日本政府有关部门根据需要，规定了若干必须由政府或政府指定的民间检验机构检验的商品种类，亦称法定检验商品种类。凡被列为法定检验范围的商品，有关生产经营企业必须向政府或政府指定的检验机构申报检验，经这些检验机构检验合格后，发给检验合格证书，并对商品加附BESST标志，经海关审核验证后予以通关放行。如发现违反检验法律的行为，海关会立即将情况通知政府有关部门，由政府的检验机构负责复验、调查核实、提交地方法院，由法院视情况对违反法律的当事人进行处罚。

3. 对民间检验机构实行监督管理

为了便于有关进出口商品检验法律顺利实施，日本政府十分重视组织和利用社会检验力量。日本国内的一些民间检验机构由政府主管当局根据《出口检验法》的规定批准营业，代表政府对出口商品进行检验，承担着"法定检验"的任务。这些民间机构在政府的严格控制下进行工作，日本政府对有关民间检验机构的检验技术水平、检验设备手段、检验范围和能力以及组织结构进行考核认证，对具备条件的授权代表政府执行有关进出口商品的法定检验。政府部门对所指定的民间检验机构的检验业务和检验结果进行监督管理，不定期进行抽查，如发现问题可撤销授权。

（四）欧盟的官方检验机构

欧洲联盟国家的官方检验机构，其组织形式与美国类似，也是按商品类别，由政府各部门分管，按有关法律授权或政府认可实施检验和监督管理。如德国技术检验代理机构网（TUV）获得官方承认并主管市场的商品质量检验和监督管理。英国标准协会（BSI）负责制定标准和实施检验、认证等工作。荷兰卫生部主管药品和食品，经济部主管电器和计量器具，农渔部主管水产品和农产品，环保部主管建材、化工品和危险品，运输部主管车辆和飞机，社会安全部主管核能的检验和监督管理。各部下设相应的检验机构，如卫生部下设食品检验局、肉品检验局，农渔部下设农产品检验局等。

欧盟为监控所有的技术法规而建立了一个官方/私人机构联合体系。官方机构负责制定法规，并按产品类别定义其标准及样品审查制度。私人或半官方机构负责制定强制件及非强制性标准，并执行大部分测试、检验、管理任务。

法定范围的活动主要有测试、检验及认证、认可。

1. 制定标准

欧盟层次的技术协调及标准制定有两种方法：

第一是制定某类产品所有的有关规定，即"完全强制协调"，该方法主要涉及与安全、健康有关的产品，如药品、食品及车辆；

第二是只制定某类产品的关于安全、健康项目的基本要求，然后由欧洲三个标准制订机构（欧洲标准化协会 CEN、欧洲电工标准化委员会 CENELEC、欧洲通讯标准化委员会 ETSI）制定自愿性技术规范，再将此技术规范定为欧洲标准或协调文件。

欧盟各成员国都有自己的制定标准机构，如法国的 AFNOR、德国的 DIN、意大利的 UNI、西班牙的 AENOR、英国的 BSI 等。这些机构同时也参与上述欧洲三个标准化机构工作。

欧盟各成员国约定，新制定的国家标准在生效前应通知欧盟主管标准管理的单位。

2. 认可检验认证机构

欧盟在测试及认证领域的权威组织是 CEOC。这个组织的成员大部分属于非营利性质，服务项目涵盖许多设备的检测和认证。例如：

英国：AOTC，检验可运送的瓦斯容器。

德国：TW，为公共机构及私人提供不同的管制服务。

法国：Groupement des Apave，负责蒸汽压力设备、电气设备、建筑物等的强制管理。

ISO9000 系列标准制订以后，欧盟将其纳为欧洲标准 EN29000，并以此为依据，指定各国上述认证机构对厂家进行质量体系认证，以保证产品质量。

3. 办理其他检验鉴定业务

对工厂、铁路、电信网络的设计及建设进行技术管制辅导，对二手设备进行品质检验，对环境、安全、卫生进行评估。对遭受损害的货物、建筑物进行损害调查以及应雇主要求对员工的赔偿请求进行评估。

二、独立商检机构

独立商检机构是由商会、协会、同业公会或私人设立的半官方商品检验机构或民间商品检验机构，担负着国际贸易货物的检验和鉴定工作，这种民间的商品检验机构凭借自己的技术、信誉及对国际贸易的熟悉，为贸易当事方提供灵活、及时、公正的检验鉴定服务，得到了对外贸易关系方的共同信任。下面我们列举一些知名的独立商检机构。

（一）瑞士通用公证行（SGS）

瑞士通用公证行（Societe Generale de Surveilance S. A.）是目前世界上最大的专门从事国际商品检验、测试和认证的集团公司，是一个在国际贸易中有影响的民间独立检验机构。SGS 创建于 1878 年，其总部设在日内瓦。SGS 是一个综合性的检验机构，可进行各种物理、化学和冶金分析，包括进行破坏性和非破坏性试验，向委托人提供一套完整的数量和质量检验以及有关的技术服务，提供装运前的检验服务，提供各种与国际贸易有关的诸如商品技术、运输、仓储等方面的服务。SGS 在中国的业务由香港 SGS 中国事务部承担。SGS 与我国国家技术监督局合资开办了“通标检验公司”，取“通用公证行”和“标准计量局”首字之意，主要办理 CISS（全面进口监管计划）业务。

（二）英国英之杰检验集团（IITS）

英之杰检验集团（Inchcape Inspection and Testing Services）是一个国际性的商品检验组织，总部设在伦敦。为了加强在世界贸易领域中的竞争地位，IITS 通过购买世界上有名望、有实力的检验机构，组建了自己的检验集团。IITS 集团包括嘉碧集团、天祥国际公司、安那实验室、英之杰劳埃德代理公司（汉基国际集团、马修斯但尼尔公司）、英特泰克服务公司及英特泰克国际服务有限公司等。这些附属机构独立经营，各机构均有自己的专业技术人员和设备，以自身名义提供服务，财务由英之杰总部协调。

IITS 在 90 多个国家与地区设有办事机构与实验室。IITS 与中国商品检验公司（CCIC）有多年的友好往来，并签订有委托检验协议。

（三）日本海事检定协会（NKKK）

日本海事检定协会（Nippon Kaiji Kentei Kyokai，英文名 Japan Marine Surveyors & Sworn Measurer's Association）创立于 1913 年，是一个社团法人检验协会，主要是为社会公共利益服务。NKKK 总部设在东京，除在本国各主要港口设有检验所外，它在泰国、新加坡、马来西亚、菲律宾和印度尼西亚等国也设有海外事务所。目前，NKKK 在国内外设立的分支机构有 70 多个，业务范围很广，主要检验项目有舱口检视、积载鉴定、状态检验、残损鉴定、水尺计重、液体计量、衡重衡量及理化检验等，还接受从厂家到装船或从卸货到用户之间的连续检验等业务。

NKKK 与中国商品检验机构签订有长期委托检验协议。双方有着密切的相互委托检验业务关系和频繁的技术交流。

（四）日本海外货物检查株式会社（OMIC）

日本海外货物检查株式会社（Japan Overseas Merchandise Inspection Company）是经日本国土交通省、农林省、厚生劳动省注册登记认可的，具有比较完善的检验技术和设备的国际性股份有限检验公司，其主要检验业务是工业品检验，化肥、化学品、医药品检验，矿产品检验和农作物土特产品检验，此外，OMIC还接受日本政府指定的国外货物检验业务。OMIC成立于1954年，总部设在东京，在泰国、波兰、马来西亚、印度、菲律宾、加拿大设有分支机构。OMIC与世界上70多个国家的检验机构或贸易企业签有业务合作协议。它与中国商品检验公司（CCIC）也签订有合作协议，委托CCIC代其办理中国对尼日利亚、巴基斯坦、伊朗等国出口商品的装船前检验业务，代其签发进口国商人通关用的清洁报告书（CRF）。

（五）美国安全试验所（UL）

美国安全试验所（Underwriters Laboratories INC.）始建于1894年，总部设在伊利诺伊州的诺斯布鲁克，UL公司是美国最权威的也是世界上最大的对各类电器产品进行检验、测试和鉴定的民间检验机构。美国许多州的法律明文规定，没有UL标志的家电产品不准在市场上销售。

UL产品标准自成体系。测试鉴定重点专注于产品安全性能，经鉴定符合UL标准规定的，方予认可，准许列名、投产和加贴UL标志。UL人员可在事先不作通知的情况下到工厂进行检查，以确定使用UL标志的产品是否真正符合UL的安全标准。UL公司除在美国本土设有分支机构外，还与加拿大、德国、瑞典、英国、日本、中国等国家的检验机构建立了业务关系。UL在中国的业务由中国商品检验公司（CCIC）及其下属分公司承办。

（六）美国材料与试验学会（ASTM）

美国材料与试验学会（American Society for Testing and Materials）成立于1896年，总部设在费城，是美国资格最老、规模最大的学术团体之一，是从事工业原材料标准化的一个非官方组织。ASTM从事的业务范围十分广泛，涉及冶金、机械、化工、纺织、建筑、交通、动力等领域所生产和所使用的原材料及半成品。ASTM所制定的标准范围广、影响大、数量多，其中大部分被美国国家标准学会（ANSI）直接纳入国家标准。美国的一些专业学会，如钢铁学会、纺织学会、机械工程学会等，都与ASTM有合作关系。ASTM在国际上也很有影响，它所制定的标准被国际上很多贸易方采用为供货合同的品质条款，我国进口的原材料检验也常用ASTM标准。ASTM制定的分析、测试方法，被世界各国许多实验室用来作为标准方法。

（七）中国商品检验公司（CCIC）

中国商品检验公司，全称是中国进出口商品检验总公司（China National Import & Export Commodities Inspection Corporation），于1980年7月经国务院批准成立，是国家商品检验局指定的实施进出口商品检验和鉴定业务的检验实体，它的性质属于民间商品检验机构。CCIC在全国各省、市、自治区设有分支机构，接受对外贸易关系人的委托，办理各项进出口商品检验鉴定业务，为之提供交接结算、解决索赔争议等方面的服务。CCIC还在世界上20多个国家设有分支机构，承担着装船前检验和对外贸易商品鉴定业务等。

在实际交易中选择上述哪种类型的检验机构检验商品，取决于各国的规章制度、商品性质以及交易条件等。检验机构的选定一般是与检验的时间和地点联系在一起的。在出口国工厂或装运港检验时，一般由出口国的检验机构检验；在目的港或买方营业处所检验时，一般由进口国的检验机构检验。当然，根据成交商品的不同，如大型机电产品，双方也可以约定由买方派人到供货的工厂或出口地检验，或由双方派人实施联合检验。

第二节 进出口商品的检验程序

一、进出口商品的报验分类和范围

进出口商品的报验有下列几种类型。

（一）法定检验报验

我国现行的法律、行政法规或国际条约、协议规定，有一部分进出口商品及其运输工具必须经过商检机构的检验，未经检验合格的，不能出口或不能在国内销售。适用于这类商品及其运输工具的报验称为法定检验报验。

法定检验报验的范围包括以下两个方面。

1. 进口商品法定检验的范围

（1）列入《种类表》的进口商品；

（2）有关国际条约、协议规定须经商检机构检验的进口商品；

（3）其他法律、行政法规规定须经商检机构检验的进口商品。

2. 出口商品及其运载工具法定检验报验的范围

（1）列入《种类表》的出口商品；

（2）出口食品的卫生检验；

（3）贸易性出口动物产品的检疫；

（4）出口危险物品和《种类表》内商品包装容器的性能检验和使用鉴定；

（5）装运易腐烂变质食品出口的船舱和集装箱；

（6）有关国际条约、协议规定须经商检机构检验的出口商品；

（7）其他法律、行政法规规定须经商检机构检验的出口商品。

（二）鉴定业务报验

我国《商检法》及《商检法实施条例》规定，对外经济贸易关系人或者外国商检机构可以根据有关合同的约定或自身的需要，申请或委托商检机构办理进出口商品鉴定业务，签发鉴定证书。

商检机构受理鉴定业务的范围主要有如下几个方面：

（1）进出口商品的质量、数量、重量、包装鉴定和货载衡量；

（2）进出口商品的监视装载和监视卸载；

（3）进出口商品的积载鉴定、残损鉴定、载损鉴定和海损鉴定；

（4）装载出口商品的船舶、车辆、飞机、集装箱等运载工具的适载鉴定；

（5）装载进出口商品的船舶封舱、船舱检视、空距测量；

（6）集装箱及集装箱货物鉴定；

（7）与进出口商品有关的外商投资财产的价值、品种、质量、数量和损失鉴定；

（8）抽取并签封各类样品；

（9）签发价值证书及其他鉴定证书；

（10）其他进出口商品鉴定业务。

（三）监督管理

根据国家有关法律、行政法规的规定，出口食品的卫生检验和检疫工作由商检机构办理，做好卫生监督、检验。要从生产厂、库的卫生条件做起，商检机构对出口食品的加工厂、屠宰场、冷库、仓库，采用注册登记的形式对其卫生状况和卫生质量进行监督管理。商检机构的监督管理还包括以下几方面的内容。

1. 船舱和集装箱检验

对装运出口粮油食品、冷冻品等易腐食品的船舱和集装箱实施强制性检验。有关承运人和装箱部门应在装货前向商检机构申请检验，经商检符合装运技术条件并发给合格证书后方可装运。船舱检验包括干货舱检验、油舱检验、冷藏舱检验，目的在于确认其对所装货物的适载性。对其他出口集装箱办理鉴定业务。

2. 危险品的包装检验

对于生产危险货物包装容器的生产厂，在生产检验合格基础上，应申请包装容器的性能鉴定，检验合格后，签发包装容器性能检验结果单。对于生产危险品的单位，应申请包装容器的使用鉴定，合格后签发包装容器的使用鉴定结果单。

3. 质量监督员制度

根据我国《商检法》及国家的有关规定，商检机构对管辖范围内加工生产涉及卫生、安全等重要出口商品的生产企业派驻质量监督员，代表国家对派驻企业的出口商品质量和检验工作进行监督管理。

二、进出口商品的检验程序

凡属国家规定或协议规定必须经中国进出口商品检验局检验出证的商品，在货物备齐后，必须向商检局申请检验，取得商检局颁发的检验合格证书后，海关才准予放行。凡经检验不合格的货物，一律不得出口。有些合同中明确规定应呈交货物检验证明，即使没有规定，在海运出口托运环节中，未经海关检验合格是不能装船出运的。因而在托运的同时，应办理报验。

通过图 4—1 我们可以看出，通常在租船订舱的同时，卖方就需要安排出口报验。

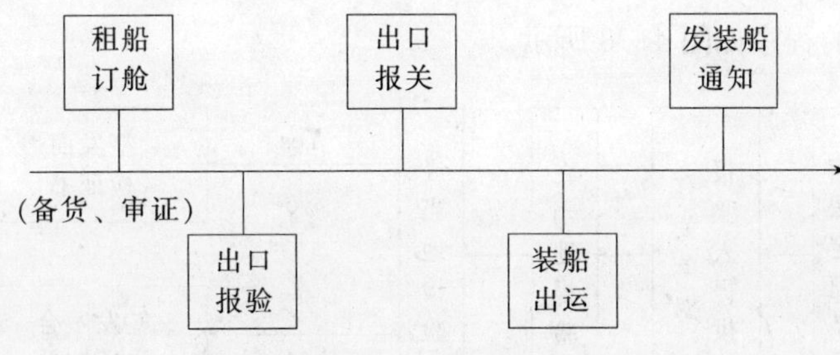

图 4—1　出口报验程序图

（一）出口商品检验工作程序

出口商品检验总的来说分为法定检验和非法定检验两大部分，下面我们具体介绍一下各自的程序内容。

1. 法定检验出口的检验工作程序

法定检验的范围包括《种类表》及其他法律、法规规定必须经过商检机构和国家商检部门、商检机构指定的检验机构检验的进出口商品。其检验程序如下：

（1）报验人填写“出口检验申请单”。

（2）提供合同、信用证及有关单证资料。

（3）商检机构对已报验的出口商品实施检验，并出具检验结果。

1）直接出口的出口商品，经检验合格后出具放行单或商检证书。

2）运往口岸或已出口的出口商品，经检验合格后出具“出口商品检验报验凭单”。

3）经检验不合格的，出具“出口商品检验不合格通知单”。

（4）报验人领取商检单证。

法定检验的程序如图 4—2 所示。

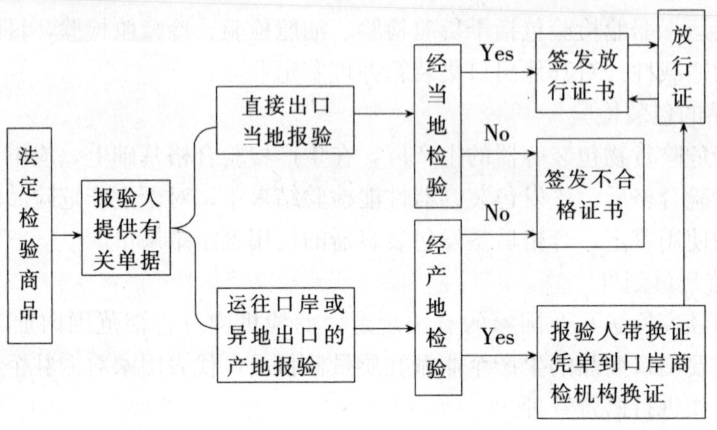

图 4—2　法定检验程序图

2. 非法定检验出口的检验工作程序

（1）根据合同、信用证的规定或申请人的要求，需商检机构检验出具商检证书的，可向商检机构报验。

（2）填写“出口检验申请单”，并提供有关单据及资料。

（3）商检机构根据申请人的申请，对出口商品实施检验。对合格的出具商检证书，对不合格的则出具“出口商品不合格通知单”。

（4）领取商检单证。

非法定检验的程序如图 4—3 所示。

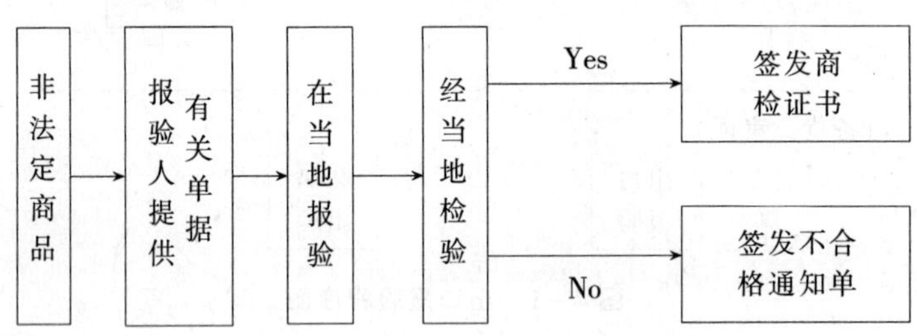

图 4—3　非法定检验程序图

（二）出口商品的报验

1. 报验要求

（1）报验人在报验时应填写规定格式的报检申请单，提供与出入境检验检疫有关的单证资料，按规定交纳检验检疫费用。

（2）报验人申请撤销报验时，应书面说明原因，经批准后方可办理撤销手续。报验后 30 天内未联系检验检疫事宜的，作自动撤销报验处理。

（3）应重新报验的情况有：1）超过检验检疫有效期限的；2）变更输入国家或地区，并有不同检验检疫要求的；3）改换包装或重新拼装的；4）已撤销报验的。

（4）报验人申请更改证单时，应填写更改申请单，随附有关函电等证明单据，并退还原证单，经审核同意后方可办理更改手续。品名、数（重）量、检验检疫结果、包装、发货人、收货人等重要项目更改后与合同、信用证不符的，或者更改后与输出、输入国家或地区法律法规不符的，均不能更改。

2. 填写“出口检验申请单”

出口检验申请单具体内容见示例 4—1。

示例 4—1

出口检验申请单

中华人民共和国北京进出口商品检验局：　　　　　　　　报验号：　(1)

兹有下列商品申请报验，请照章办理。　　　　　　　　　报验单位：(2)

存货地点：(4)

日期：3　年　月　日　　　联系人：　　　电话：　　　地址：

发货人	(5)			生产部门	(9)
收货人	(6)			输往国别	(10)
品名	(7)			H.S. 编码（8 位）	(11)
报验数量	(8)			总净重	(12)
				总毛重	
成交单价（美元）(13)	成交总值（美元）	收购单价（人民币）(14)		收购总值（人民币）	
标记及号码	申请证书份数			运输方式	(15)
(16)	品质　文　份 分析　文　份 重量　文　份 数量　文　份 兽医　文　份 卫生　文　份 健康　文　份 换证凭证　份 其他		放行 更改证书	随附证件号： 合同号： 信用证号： 厂验单： 预验单： 换证凭单： 包装性能检验结果单： 其他：	
	预约工作日期			结汇方式：(17)	
	领取证单		正副	出运口岸：(18)	
	领取人	日期		商品包装情况：(19)	

检验处评定意见	检验方式	贸易方式	一般贸易	三来一补	边境贸易	其他
	商品检验	自检	备注 (20)			
		共验				
		抽检				
	组织检验	认可				
		其他				
		免验				

流程	月	日	经办人	流程	月	日	经办人	计收费栏
受理				检务复审				预收： 补收：
送检				翻译				
抽样				制证				
检验				校对				
化验				总校				共计实收：
拟证				发证				
审核				检验处				
签发								
返回								

(1) 报验号：商检机构受理报验的编号，由商检机构受理报验人员填写。

(2) 报验单位：填写报验单位全称并加盖公章或报验专用章（或附单位介绍信）。

(3) 报验日期：填写报验当天日期。

（4）存货地点：出口货物存放处的详细地址。联系人、电话、地址按实际情况填写。

（5）卖方或发货人（Seller or Consignor）：合同上的卖方或信用证的受益人，要求用中文、英文填写，填写时要一致。

（6）收货人（Buyer or Consignee）：合同上的买方或信用证的开证人。

（7）品名（Commodity）：按合同、信用证中所列名称填写，中英文要一致。

（8）报验数量（Quantity Declared）：按实际申请检验数量填写，并注明计量单位，如：××××吨。

（9）生产部门：生产出口商品的企业名称。

（10）输往国别：出口货物的最终销售国。

（11）H. S. 编码：按《商品分类及编码协调制度》填写 8 位数字，如皮革服装的 H. S. 编码为 4203.1000。

（12）总净/毛重：按实际申请检验总净/毛重填写，并注明计量单位名称。

（13）成交单价及总值：按出口合同或发票所列货物的成交单价和总值填写，并注明货币名称。

（14）收购单价及总值：外贸经营单位向生产经营部门收购商品的人民币值。

（15）运输方式：填海运、陆运、空运、邮运、多式联运等多种运输方式之一。

（16）标记及号码（Mark and No.）：即唛头，按出口货物的报关单或明细单所列填写（应与实际货物运输包装上所示一致）。中性包装或裸装、散装商品应填“N/M”，并注明“裸装”或“散装”。

（17）结汇方式：此为支付货款的方式。常用的有信用证方式（L/C）、汇付（包括信汇 W/T、电汇 T/T、票汇 D/D）、付款交单（D/P）、承兑交单（D/A）等。

（18）出运口岸：办理报关出运的地点或口岸。

（19）商品包装情况：按实际包装情况填写。使用的包装材料及包装情况是否良好应加以注明，如箱装，填“纸箱包装，包装完好”。

（20）备注：如对检验证书的内容有特殊要求或有其他需要特别说明的可在此注明，包括：1）来证要求商检证书抬头为分析证书，则以品质/分析证书申请出证，即 Inspection Certificate Of Quality/Analysis；2）来证要求列明收货人，或收货人栏需填“敬启者（To Whom It May Concern）”以及凭指示（To Order）出证的，都应写在此栏内，以供商检机构出证时参考，使报验人顺利结汇；3）其他未加说明的栏目按实际情况填写或打“√”。其中，“检验处评定意见”、“检验方式”、“计收费栏”等由商检机构自填。

3. 出口商品报验时应提供的单证和资料

出口商品报验时，报验人须提供以下单证和资料：

（1）外贸合同或销售确认书或订单。

（2）信用证及有关函电。

（3）生产经营部门出具的厂检结存件。

（4）法定检验出口商品报验时，还应提供商检机构签发的“出口商品运输包装容器性能检验结果单”正本。

（5）发货人委托其他单位代理报验时，应加附委托书（原件）。

（6）凭样成交的应提供成交样品。

(7) 经预验的商品，在向商检机构办理放行手续时，应加附该商检机构签发的“出口商品预验结果单”正本。

(8) 经其他商检机构检验的商品，应加附发运地向商检机构签发的“出口商品查验报验凭单”正本。

(9) 按照国家法律、行政法规规定实行卫生注册及出口质量许可证的商品，必须提供商检机构批准的注册编号或许可证编号。

(10) 出口危险品货物时，必须提供危险品包装容器的性能检验和使用鉴定合格证（单）。

(11) 出口锅炉、压力容器，需提供锅炉监察机构（如市劳动局）审核盖章的安全性能检验报告（正本）。

4. 出口商品报验时应注意的事项

(1) 关于出口报验的时间，要求最迟应于报关或装运出口前 10 天向商检机构申请报验。对检验周期较长的商品，如羊绒，还需增加相应抽样、检验、化验等工作的时间。

1) 法定检验出口商品必须在原产地商检机构办理报验手续。

2) 内地运往口岸的法定检验出口商品，一般需在原产地商检机构预先检验合格，取得出口商品换证、凭单后，方能运往口岸办理出口检验换证或放行手续。

3) 合同或信用证规定需要某商检机构证书的，须向该商检机构报验。

(2) 每份“出口检验申请单”仅限填报一批商品。

(3) 需签发外文证书的，有关栏目应用打字机填写相应的外文。

(4) 要求商检机构出具证书的，应及时向商检机构提出申请。若发现有违反我国政策法令、不合要求的，应及时向外国进口商提出修改意见。

第三节 进出口商品检验单证

一、放行单

(一) 放行单文本

放行单具体式样示例 4—2。

示例 4—2

中华人民共和国北京进出口商品检验局

出口商品放行单

（供通关用）　　　　　　　　　　编号：

1. 发货人：		4. 运输标记/批号：
2. 输往国家或地区：		
3. 合同号/信用证号：		
5. 商品名称及规格：	6. H.S. 编码：	7. 包装种类、数量/重量（大写有效）：
8. 证明： 上述商品经检验合格，请海关予以放行。 本放行单有效期至　年　月　日 签发人：　　　　　　　签发日期：		
9. 备注：		

(二) 填制放行单

放行单的填制包括以下内容。

(1) 发货人：对外贸易合同的卖方或信用证中的受益人。

(2) 输往国别或地区：是指出口商品运往的目的地国家或地区。

(3) 合同号/信用证号。

(4) 运输标记/批号：唛头，如无标记，注明“N/M”。

(5) 商品名称及规格：按合同或信用证中商品名称的全称填写，如有规格、牌号或货号的还需一并列上。

(6) H. S. 编码：该批出口货物应按对 H. S. 编码重新细化归类的《种类表》中的编码，填写相应的 8 位数字。

(7) 包装种类、数量/重量（大写有效）：该批出口物的外包装及其数量或重量。如：×××木箱、×××铁桶等。如果有其他数量需列明的，也可以填上×××打，×××米等。重量一般填写净重，如果是毛重或以毛作净的要加注，其数字一律大写。

(8) 证明：放行单的有效期，一般商品为自签发之日起 60 天，鲜活类商品为两周，大写有效。

(9) 备注：供商检机构向海关作情况说明时使用。

二、商检证书

(一) 商检证书的性质、作用和结构

商检机构根据申请人或合同、信用证的要求及有关国际条约的约定，对出口商品实施检验，检验合格后出具商检证书。商检证书是报关验放、征收关税等的有效凭证。

1. 商检证书在国际贸易中所起的公证作用

(1) 是报关验放的凭证；

(2) 是履约、交接货物的有效凭证；

(3) 是结算货款的有效证件；

(4) 是银行议付货款和出口结汇的单据；

(5) 是征收关税和优惠减免关税的有效凭证；

(6) 是结算运费的有效证件；

(7) 是证明情况、明确责任的证件；

(8) 是办理索赔的有效证件；

(9) 是仲裁、诉讼举证的有效证件。

2. 商检证书的内容

商检证书由国家进出口商品检验局统一设计、印制。证书尺寸为 297mm×210mm，证书由五个部分组成：

(1) 签证局的局名，包括地址、电报挂号和电话。

(2) 证书名称和种类，包括正本或副本、证书印制顺序号、证书号（即报验号）和签证日期，此日期必须早于货运单据签发日期。

(3) 商品识别部分，包括发货人、受货人、商品名称、报验数量/重量、标记及号码、运输工具、发货港、目的港等。

(4) 证明内容，即检验或鉴定的结果和评定，这是证书的主要部分。

(5) 签署部分，包括检验日期和地点、签证机构签证专用印章、签署人（主任检验员或主任兽医或主任鉴定人）的签字。出口商品检验证书，一般用英文签发，除非合同或信用证规定允许使用中文或其他文字签发。

此外，根据国家商检局的规定，在证书的右上角（证书号码和日期部分）加盖CCB字样的钢印。只有经过签字和盖上商检机构签证章并加盖CCB钢印的证书方算有效。

（二）商检证书的种类和文本

1. 商检证书的种类

根据证明内容或检验方式的不同，商检证书又分为若干种类，现对几种主要的证书分述如下：

（1）品质检验证书（Inspection Certificate of Quality）。品质检验证书亦称质量检验证书。该检验证书可证明进出口商品的品质、规格、等级、成分、性能等，包括抽样过程、检验依据、检验结果和评定意见四项基本内容。对评定合格的出口商品所签发的品质检验证书，是交接货物、银行结汇和进口国通关输入的主要单证之一；对评定不合格的进口商品所签发的品质检验证书是订货公司对外办理索赔的重要证件。对进口商品，如合同订明凭中国商品检验局的检验证书所列的检验结果作为结算货款的依据，也可签发品质检验证书。有时成交合同或信用证要求商检机构签发的规格证书、分析证书或成分证书等，实际上也属于品质检验证书。

（2）兽医检验证书（Veterinary Inspection Certificate）。兽医检验证书是证明出口动物产品经过检疫合格的检验证书，其证明的内容一般为产品所采用的畜、禽系来自安全非疫区，经过宰前、宰后检验，未发现检疫对象等。证书由主任兽医签发，是对外交货、银行结汇和进口国通关输入的重要凭证。

（3）卫生检验证书（Sanitary Inspection Certificate）。卫生检验证书亦称健康机构证书（Inspection Certificate of Health），是证明出口动物产品、食品等经过卫生检验或检疫合格的证件。证书上一般证明产品符合卫生要求，适合人类食用或使用。肉类食品的卫生证书由主任兽医签发，其他类食品的卫生证书由主任检验员签发。它是对外交货、银行结汇和通关验放的有效凭证。

（4）消毒检验证书（Inspection Certificate of Disinfection）。它是证明出口动物产品已经过消毒处理的检验证书，由主任兽医签发，是对外交货、银行结汇、国外通关的凭证。

（5）温度检验证书（Inspection Certificate of Temperature）。它是证明出口冷冻商品温度的检验证书，是交货、结汇、通关的依据。

（6）重量检验证书（Inspection Certificate of Weight）。它是根据不同的计量方式证明商品的重量的书面证明文件。证明的内容为货物经何种计重方法，得出多少实际重量或数量。它是对外贸易关系人交接货物、报关纳税、结算货款和运费、装卸费，以及索赔的有效凭证。

（7）价值证明书（Certificate of Value）。它是证明发票所列商品的价格真实、正确的书面证明文件，是进口国外汇管理和关税征收的依据。L/C要求出具产地证明书包括价值证明时，卖方须了解买方是否需要海关发票，如不需要，可在产地证明书上加具“VALUE”字样（CERTIFICATE OF ORIGNIN AND VALUE），并填上数量、单价和金额。

（8）熏蒸检验证书（Inspection Certificate of Fumigation）。它是证明出口谷物、油

菜子、豆类、皮张等商品以及包装用木材与植物性填充物等已经过熏蒸杀虫，达到出口要求的书面证明文件，其中记载使用何种药物熏蒸和熏蒸了多长时间。它是交货、结汇、通关的凭证，如国外买方不要求单独出证，卖方可将熏蒸内容列入品质证书中。

(9) 衡量检验证书 (Inspection Certificate on Cargo Weight & Measurement)。它是证明出口商品的重量吨位和体积吨位的书面证明文件，是托运人和承运人计算运费、承运人制定装船计划和港口计算栈租、装卸、理算费用的依据。

(10) 残损检验证书 (Inspection Centificate On Damaged Cargo)。它是证明进口商品残损情况、估定残损贬值程度和判断残损原因，以供索赔时使用的书面证明文件。

(11) 原产地检验证书 (Inspection Certificate of Origin)。它是证明出口产品原产于何地（国家或地区）的书面证明文件，包括普惠制原产地证书和其他原产地证书两种。

(12) 船舱检验证书 (Inspection Certificate On Tank/Hold)。它主要证明未装载前的船舱清洁或消毒情况，是否有异味，能否装载某种货物等，它是承运人履行运输契约及对外贸易关系人进行货物交接和处理货损事故的依据。

2. 商检证书文本

商检证书文本见示例 4—3。

示例 4—3

SHANGHAI IMPORT & EXPORT COMMODITY INSPECTION
BUREAU OF THE PEOPLE'S REPUBIC OF CHINA

检验证书

INSPECTION CERTIFICATE

HEALTH

地址：上海市中山东一路 13 号	副本
Address：13. Zhongshan Road	COPY
(E. 1). Shanghai	No.
电话：63211285	日期
Tel	Date

发货人：

Consignor ________

受货人：

Consignee ________

品名：	标记及号码：
Commodity ________	Mark & No.

报验数量/重量：

Quantity/Weight

Declared

检验结果：

RESULTS OF INSPECTION

主任检验员：

Chief Inspector

（三）缮制商检证书应注意的事项

（1）发货人（即申请人）：应与提单的“托运人”一致，一般为信用证的受益人。

（2）受货人：一般不用填写，只有在转让检验证书时，可将该栏填成中性受让（To Whom It may Concern）或空白抬头（to order）。

（3）证明方法：若 L/C 仅规定由主管当局出具一般产地证书，发货人可申请商检机构发出正式的产地证明书；若 L/C 只要求证明商品的产地，发货人可直接在商业发票上加注：“We hereby certify that the goods shipped are of Chinese Origin.”若 L/C 规定了产地证的签发机构，则应按规定由指定机构签发产地证明书。产地证上除加盖贸促会盖章外，还要增加手签。部分国家允许以领事发票替代产地证。因产地证要求不表示货物价值，厄瓜多尔等国的进口商多不愿意接受在联合发票上的产地证。

（4）证明内容：若 L/C 规定检验证书须由外国的公证行、公证人、鉴定人签发，由于外国机构的检验标准和出证时间各异，常会发生问题，所以，受益人不宜接受。产地证的内容应严格遵循 L/C 的规定。有的来证规定品质检验证书和重量检验证书上必须标上出口商品的生产年份（INSPECTION CERTIFICATE IN 3 COPIES MANUFACTURE MONTH MUST BE MENTIONED），我方应照办。

（5）掌握主动权：受益人不应接受检验货物权和签发证书权都被交易对方控制和掌握的信用证，如“Inspection Certificate must be issued and signed by the applicant whose authority and signature must be in conformity with the records held in our Band.”

第四节　合同中的商品检验条款

进出口合同中的商检条款和其他商检条款订得如何，直接或间接地关系到交易的成败、交易双方经济的得失和信誉的优劣，需要慎重对待。国际货物买卖合同中的商检条款一般包括下列内容：有关检验权的规定、检验或复验的时间和地点、检验机构、检验项目和检验证书等。

一、有关检验权的规定

所谓检验权，是指依照合同的约定，买方或卖方所享有的对进出口商品进行检验鉴定，以确定其是否与合同相符的权利。

有关检验权的规定，国际上通行的做法有三种。

（1）以货物离岸品质、数量（重量）为准，即买卖合同规定货物在装运港装运前由卖方委托出口地的商品检验机构（双方约定的）对货物的品质和数量（重量）进行检验和衡量，出具检验证书，并以所出具的检验证书作为最后依据。卖方对货物到达目的地后的品质状况和数量（重量）原则上不承担责任，只要装船时检验合格，就说明卖方已根据合同按质按量交货，买方原则上不得因到货时的品质或数量与离岸时不符而提出异议，除非买方能证明，货物到达目的地时变质或短重量是由于卖方没有严格履约或因货物的固有瑕疵引起的。

（2）以货物到岸时的品质、数量（重量）为准，即买卖合同规定商品的品质和数量（重量），应在目的港卸货后进行检验、衡量，以目的港商检机构签发的检验证书作为决定货物品质和数量（重量）的最后依据。在采用这种做法时，卖方应承担货物在运输途中品质、数量变化的风险。买方有权根据货物到目的地时的检验结果，在分清卖方、船方和保险公司责任的基础上，对属于卖方该负责的货损、货差，向卖方提出索赔。

(3) 以装运港的检验证书为议付货款的依据，货到目的港后，允许买方复验。按照这种做法，卖方既可在装运时，由装运地的商检机构出具检验证书，作为卖方收取或议付货款时的凭证，又允许买方于货到目的港后，对货物进行复验。经复验后，如发现货物品质、数量与合同不符，并确定属卖方责任时，买方可依目的地商检机构所签发的检验证书提出异议。这种做法在一般情况下较为公平合理，符合国际贸易习惯和法律规则，因此，在我国企业当前进出口业务中较为常用。

二、检验与复验的时间与地点及索赔

按照国际上通行的做法，检验的时间由买卖双方在合同中约定。买方通常应在货物到达目的港或卸货后若干天内对货物进行检验，这个期限也是买方的索赔期限。例如，在买卖合同中规定：双方同意以×制造厂或×公证行出具的品质与数量或重量检验证书作为有关信用证项下付款的单据之一，但货物的品质及数量或重量的检验须按以下具体规定办理：如货到目的港××天内由××检验局复验，如发现货损货差，买方凭商检证书提出索赔。

通常受损方可向以下三方提出索赔：

(1) 属保险公司承保范围的损失可向保险公司提出索赔。

(2) 属船公司或承运人责任范围的，可向船公司或承运人提出索赔。

(3) 属买卖当事人之间责任范围的，向责任方提出索赔。买方超过期限而不检验，则丧失复验权，也就丧失了可能的索赔权。

按照国际惯例，FOB、CIF、CFR 合同的复验地点是在目的港；如目的地不是港口而是内地，或不适宜检验，则合同中应规定复验地点可延伸至内地；当货物有用一般检验方法不能查出的瑕疵时，复验地点可延伸至可以进行有效检验的地方。

三、订立检验条款应注意的问题

在订立检验条款时除必须明确检验的时间、地点、检验机构名称以及证书的种类外，还必须注意以下三个方面的问题：

(1) 检验条款的内容应与合同其他条款的内容相衔接，不能产生矛盾。检验证书的内容要与品质、数量、包装以及信用证的内容完全相同，否则，不利于合同的履行及货款的支付。例如，在采用信用证支付的方式时，条款下有关商检机构、检验证书等的规定必须与支付条款有关议付单据的规定相一致。我方提交的商检证书与信用证规定的内容不符，就会遭到银行的拒付。

(2) 应明确规定进出口商品复验地点、复验期限和复验机构。按照国际惯例，不管交货是实际交货还是象征性交货，除非双方与当事人另行达成协议，货物检验的时间和地点不是在交货地，而是在目的地，这个目的地通常是指最后目的地。对国外复验机构的选定，应选择政治上对我较友好又有一定业务能力的机构。

(3) 应明确进出口商品的检验方法。对于我国的出口商品检验，应坚持由我国商品检验机构按我国有关检验标准及规定的方法进行。目前暂无统一标准的，可参照同类商品的检验标准或按我生产部门会同商检部门共同商定的标准及检验方法进行。同时，也不排除对个别商品采用国外标准及方法进行检验。对我国的进口商品检验，除按合同规定办理外，也可按生产国标准或国际通用标准进行。

模拟实训题

1. 某公司从国外采购一批特殊器材，该器材指定由国外某检验机构负责检验合格后才能收货，后该公司接到此检验机构的报告，报告称质量合格，但在其报告附注内说明此项报告的部分检验记录由制造商提供。在这种情况下，买方能否以为质量合格而接受货物?

2. 某合同商品检验条款中规定以装船地商检报告为准，但在目的港交付货物时却发现品质与约定规格不符。买方经当地商检机构检验并凭出具的检验证书向卖方索赔，卖方却以上述商检条款拒赔。卖方拒赔是否合理?

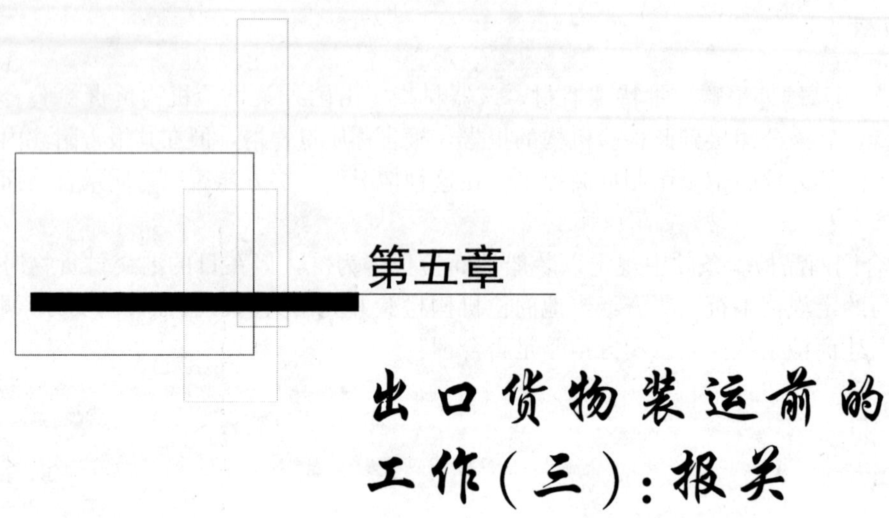

第五章

出口货物装运前的工作（三）：报关

［实训要点］

1. 进出境报关的程序
2. 进出口货物登记手册的内容
3. 报关过程中的计算

第一节　进出境报关程序

一、报关概述

报关是指货物、行李和邮递物品、运输工具等在进出关境或国境时由所有人或其代理人向海关申报，交验规定的单据、证件，请求海关办理进出口的有关手续。我国海关规定报关时应交纳的单据、证件有：进出口货物报关单、进出口货物许可证、商品检验证书、动植物检疫证书、食品卫生检验证书以及提货单、装货单、运单、发票、装箱单等。

报关涉及的对象可分为进出境的运输工具和货物、物品两大类，由于性质不同，其报关程序各异。运输工具如船舶、飞机等通常应由船长、机长签署到达、离境报关单，交验载货清单、空运单、海运单等单证向海关申报，作为海关对装卸货物和上下旅客实施监管的依据。而货物和物品则应由其收发货人或其代理人，按照货物的贸易性质或物品的类别，填写报关单，并随附有关的法定单证及商业和运输单证报关。如属于保税货物，应按“保税货物”方式进行申报，海关对应办事项及监管办法与其他贸易方式的货物有所区别。

结关是指进口货物、出口货物和转运货物进入一国海关关境或国境必须向海关申报，办理海关规定的各项手续，履行各项法规规定的义务；只有在履行各项义务，办理海关申报、查验、征税、放行等手续后，货物才能放行，货主或申报人才能提货。同样，载运进出口货物的各种运输工具进出境或转运，也均需向海关申报，办理海关手续，得到海关的许可。货物在结关期间，不论是进口、出口或转运，都处在海关监管之下，不准自由流通。

二、报关程序

（一）前期报关阶段

1. 主要内容

(1) 保税加工合同审核、合同备案、保证金台账的开设（需要时）、加工贸易登记手册的申领。

(2) 企业的减免税备案登记、特定减免税进口货物的减免税申请、《征免税证明》的申领。

(3) 暂准进出口货物的报批、备案（展览品）、担保申请。

2. 适用范围

前期报关程序适用范围包括保税货物、特定减免税货物、暂准进出口货物。

（二）进出境报关阶段

1. 基本环节

进出境报关基本环节为：货物进出口申报，配合查验，缴纳税费，提取或装运货物。

2. 适用范围

进出境报关几乎包括所有实际进出口货物（过境性、转关性货物应该不包括）。

3. 后续报关阶段

(1) 保税加工合同报核。

(2) 特定减免税货物申请解除海关监管。

4. 网上申报方式关键词

放行：可以离开海关，但除一般进出口货物外，还不可以进入流通领域；

结关："放行"之后，办结海关手续，可以进入流通，不再受海关的监管。

三、一般货物进出境报关

一般货物进出境报关是指货物在进出境环节上缴纳了应征的进出口税费并办结了所有必要的海关手续，海关放行后不再监管，可以进入流通、生产、消费领域。

（一）申报

对于一般进、出口货物，收货人、发货人或其委托的代理人（以下统称"报关人"）应持下列单证向入、出境地海关申报：

(1)《进口（出）货物报关单》一式五份。

(2)《进（出）口货物许可证》（如属列入许可证管理范围的，需提交）或国家有关主管机关签发的批准文件。

(3) 提货单、装货单或运单。

(4) 商业发票两份。对实行集中纳税的进口货物，除在口岸报关时递交一份外，还要由负责对外订购和承付货款的外贸公司向办理集中纳税业务的北京海关递交一份。

（5）装箱单一份（对散装货物或单一品种且包装内容一致的件装货物可免交）。

（6）减税、免税或免验的证明。

（7）国家商检机构签发的证件。如属列入国家"商检机构实施检验进、出口商品种类表"的商品，需提交，或在《进（出）口货物报关单》上加盖商检印章。

（8）对列入动植物检疫、药物检验、文物鉴定或受其他国家管制的进出口货物，还须交验省级以上有关主管部门签发的证件。

（9）贸易合同、产地证明及其他有关单证、账册（海关认为必要时）。

（10）信用证（只限对港、澳地区出口并采用信用证结算方式的）。

（11）出口收汇核销单。

（二）海关查验放行

海关核查单证和查验实货后，在货运单据上加盖放行章，发还给报关人，报关人凭以提取或装运货物。

（1）报关人在向海关递交报关单后，发现有填报错误或因其他原因需要变更填报内容时，可向海关递交更改单。出口报关后若发生退关情况的，须在3日内向海关办理更改手续。

（2）对于委托国外销售，结算方式是待货物销售后按实销金额向出口单位结汇而无法在货物出口时提供发票的，可予免交。

四、中外合资合作企业货物报关

（一）申报

经海关登记备案的中外合资（合作）经营企业，在办理企业本身生产和经营范围以内的货物进出境时，须持下列单证自行向入、出境地海关办理报关手续：

（1）《进（出）口货物报关单》一式四份。

（2）发票、装箱单等货运单据。

（3）主管海关签发的《中华人民共和国对外商投资企业履行产品出口合同所需进口料件加工复出口登记手册》（简称《登记手册》）。

（4）《进（出）口货物许可证》。除为履行其产品出口合同而进口（包括国家限制进口）的机械设备、生产用车辆和料、件外，进出口属于国家规定需要申领进出口许可证的货物，须交验。

（5）海关要求交验的其他有关证件。其中，属于经营进料加工业务的中外合资、合作经营企业，须交验在向主管海关办理备案登记手续后由海关核发的《登记手册》。

（6）国家商检部门签发的商检证明（如进出境货物列入"商检机构实施检验商品种类表"的，须提交）。

（7）出口收汇核销单。

（二）海关查验放行

海关对中外合资（合作）经营企业提交的单证进行审核，并查验货物。对符合进、出境要求的，由海关在《进（出）口货物报关单》上加盖印章，予以放行。

对经批准从事进料加工业务的中外合资（合作）经营企业，可按以下规定办理：

（1）为履行其产品出口合同，需要进口包括国家限制进口的机械设备、生产用车辆、原材料、燃料、散件、零部件、元器件、配套件，不再报请主管审批机关审批，可以免领进口货物许可证，由海关凭企业合同或者进出口合同免税验放并实施监管。

(2) 免税进口的加工后的副次品和因其他原因不能出口，留在国内销售的部分，须照章补税并按海关对进料加工进出口货物和进料加工保税工厂的有关规定办理。

(3) 经营进料加工业务的中外合资（合作）经营企业在加工成品报关出口时，海关在交验的《登记手册》上批注、签章后将其退回给企业，企业凭以向主管海关办理核销。对于每个进口合同项下进口的料、件，在有关合同执行完毕后两个月内，企业须持《登记手册》和进出口货物报关单等有关单证，向主管海关办理核销手续。

(4) 进口的料、件加工为成品后，如不直接出口而是转让给另一承接进料加工复出口的生产企业进行再加工、装配时，进口料、件的企业须会同该加工生产企业，持双方签订的购销合同或生产加工合同等有关单证，向主管海关办理结转和核销手续。该承接进料加工复出口业务的生产企业重新向海关申领新的《登记手册》，并按《中华人民共和国海关对外商投资企业履行产品出口合同所需进口料件管理办法》，由海关实施监管。

(5) 企业生产由国家规定的、经主管部门批准的、以产顶进目录内产品所需进口料、件，进口时可缓办纳税手续。上述产品供应国内用户时，再向海关补纳进口关税、工商统一税，并按规定补办进口手续。国内用户从国外进口同类产品可以享受减免税优惠的，企业供应给该用户上述产品时，也可给予减免税优惠，但需按国家有关规定，向海关交验经主管部门批准的减免税证件。

(6) 企业从我国国内经批准设立的保税仓库中购进或委托外贸企业代理进口的料、件，视同企业自行进口，并按海关对进口料、件管理的有关规定办理。

五、加工装配、补偿贸易货物报关

(一) 申报

加工装配、补偿贸易项下的料、件、设备进口，加工装配成品或补偿产品出口时，经营单位（外贸公司、工贸公司或生产单位）或其代理人须持由主管海关核发的《对外加工装配进出口货物登记手册》或《加工装配和中小型补偿贸易进出口货物登记手册》向入、出境地海关申报。申报时，须交验下列单证：

(1) 注有“来料加工、补偿贸易专用”字样的绿色《进（出）口货物报关单》。专用报关单（一式四份）与普通报关单所要填列的内容完全一样；补偿贸易产品出口时，还需递交一张黄色的《出口货物报关单》，以便凭单办理退还国内产品税。

(2) 发票、装箱单。

(3)《进（出）口货物许可证》。其中，补偿贸易项下进口的料、件、设备和补偿出口的商品属于国家规定需领取进（出）口许可证的商品须提交《进（出）口货物许可证》。加工装配项下进口的料、件和生产所需进口（包括国家限制进口）的机械设备，生产用车辆（不包括小轿车、面包车），工具及厂房装修材料和自用燃料，以及出口列入出口许可证管理的商品，可免领《进（出）口货物许可证》。

(4)《出口收汇核销单》（仅用于出口）。

(二) 海关查验放行

海关对经营加工装配和中小型补偿贸易的单位交验的上述单证进行审核并查验货物，对符合进（出）境要求的，由海关在进（出）口专用报关单上加盖印章，予以放行。海关认为必要时，可对加工装配项下进口料、件取样，并派员或指定有关人员押运。

(1) 加工装配、补偿贸易进口的料、件、设备和加工装配的成品，均系保税货物性质。上述料、件自进口之日起至成品出口之日止，设备自进口之日起至全部偿还止，均属海关监管货物，未经对外经贸行政管理部门许可和海关批准，任何单位或个人均不得出售、转让调换、抵押或移作他用。

(2) 加工装配、补偿贸易的合同执行结束后，经营单位应于合同到期或最后一批成品或产品出口之日起1个月内，凭当地税务机关签章的核销表（含有海关核发的登记手册中），连同进出口货物报关单及其他有关单证向主管海关办理核销结案手续。

(3) 加工装配项下进口的料、件经加工成品后如不直接出口，而是转让给另一家承接进口料、件加工成品复出口的加工单位进行再加工装配时，转让单位须会同接受转让的加工单位持双方签订的购销或委托加工合同等有关单据，向海关办理结转和核销手续。

(4) 加工装配项下有关料、件和加工成品，如因故需要转为内销或因外商单方面中止合同，加工单位要求以所存料、件或加工成品内销以抵偿工缴费的，须经原审批机关批准和海关核准，再按一般进口货物的规定办理进口报关手续，按章纳税。属于国家限制进口的商品，还须申请并向海关交验《进口货物许可证》。

六、保税货物进出境报关

（一）保税货物及保税期限

保税货物是指海关批准未办理海关纳税手续进境，在境内储存、加工、装配后复运出境的货物。

1. 保税货物的分类

保税货物分为下列三大类：

(1) 加工生产类：来料加工类、进料加工类、外商投资企业履行产品出口合同类。

(2) 储存出境类：国际转运货物（转口贸易）、供应国际运输工具的货物、免税商品（免税商店）。

(3) 准予缓税类：外国商品境内维修用零部件、外汇免税商品。

2. 保税的不同期限

(1) 保税加工：1年，可延长1年（棉花、食糖、食用油、天然橡胶、羊毛是半年；原糖加工为食糖的是3个月）。

(2) 区域保税货物：没有期限（但委托区外加工的，规定半年内运返保税区）。

(3) 仓储保税货物：1年，可延长1年。

（二）申报

保税货物在保税仓库所在地入境时，货主或其代理人须持下列单证向海关申报：

(1)《进口货物报关单》一式三份。报关单上须加盖“保税货物”印章并注明货物存入某地保税仓库。

(2) 经主管海关核发的《保税仓库登记证书》。办理《保税仓库登记证书》的手续为：申请建立保税仓库的单位经理人，持国家工商行政管理部门核发的营业执照，填写的《保税仓库申请书》及省以上对外经贸行政管理部门批准经营有关业务的批件，向主管海关申报，经海关审核并派员实地调查认为符合建立条件后，批准建立保税仓库并颁发登记证书。

(3) 如进口货物属列入国家商检机构实施检验出口商品种类表的，须提交商检证书。

保税货物如需复运出境报关时，应向海关递交下列单证：

(1)《出口货物报关单》一式三份；

(2) 原进口时由海关盖印的《进口货物报关单》。

(三) 海关查验放行

单证经入、出境地海关查验无误后予以放行，其中，入境时，由海关在《进口货物报关单》上签章，将两份《进口货物报关单》随同进口货物带交保税仓库。保税仓库经理人于货物入库后，在上述报关单上签收，一份留存，一份交回海关存查。

(1) 货主在保税仓库所在地以外的其他口岸进口货物，须按海关对转关运输货物的规定办理转关运输手续。即由申请人填制由海关统一印制的《转关运输货物准单》一式三份。如属国际铁路联运货物，应为货车装载清单，也是一式三份，向入境地海关申报并交验有关货运单证。海关核准并签收关封后将加盖"海关监管货物"戳记并加注关封编号的《海关运输货物准单》，连同关封一起交承运人，随同货物带交指运地海关，并按一般货物的海关手续填制《进口货物报关单》，并随附其他有关单证向海关办理进口报关。

(2) 保税货物经批准正式销售于国内市场时，货主或其代理人须向海关补办进口报关手续并缴纳关税和工商统一税，由海关签印放行。

(3) 对从保税仓库中提取来料加工（或进料加工）备料、货物，货主须事先持批准文件、合同等有关单证向海关办理登记备案手续，并填写来料加工或进料加工专用报关单和《保税仓库领料核准单》各一式三份，一份由海关留存，一份由领料人留存，一份由海关签盖放行章后交还货主。仓库经理人凭海关签印的领料核准单交付有关货物，并凭领料核准单向海关办理核销手续。

(4) 保税货物复运出境时，发货人或其代理人持《出口货物报关单》一式三份、保税货物进口时由海关签印的《进口货物报关单》，向当地海关办理复运出境手续。经海关核查与实货相符后签印，一份由海关留存，一份发还给申报人，一份随货带交出境地海关。

第二节　进出口货物登记手册

进出口货物登记手册包括以下内容：

(1) 经营单位：对外签订合同（协议）的公司全称。

(2) 经营单位负责人：经营单位的法定代表人姓名，包括不具备法人资格的生产经营单位的负责人姓名。

(3) 经营单位通信地址和电话号码：经营单位的通信地址和联络电话，应将邮政编码一并填明。

(4) 生产单位：负责加工本合同项下产品的工厂全称。

(5) 生产单位负责人：生产单位的法定代表人姓名，包括不具备法人资格的生产经营单位负责人姓名。

(6) 生产单位通信地址和电话号码：生产单位的通信地址和联络电话号码，应将邮政编码一并填明。

(7) 营业执照号：加工单位或经营单位的营业执照号码。

(8) 国外厂商名称：与我经营单位签订合同的外国企业全称。

(9) 国外厂商负责人：外国企业的法定代表人姓名。

(10) 外国企业通信地址和电报挂号：除地址和电报挂号，外如有电传机、传真机号码应一并填明。

(11) 贸易性质：根据合同填明是来料加工还是补偿贸易。

(12) 合同或协议号：填明合同（协议）的详细年份、字轨和编号及附件号码。

(13) 批准机关及合同备案证明书号：填明本合同的批准机关名称及合同备案证明书的编号。

(14) 许可证号：如属应申领进口货物许可证的，应逐一填具许可证编号。

(15) 进出口岸：办理本合同所指货物申报进出口手续的我国境内的口岸名称。

(16) 合同规定外商提供的料、件，设备情况和出口成品情况：外商提供的料件和设备的货色、规格、型号、数量，合同的有效期，工缴费收入，设备价款、料、件消耗定额和损耗率等情况，应一并填具。

(17) 进口日期：货物的运载工具向海关申报进境的日期。

(18) 运输工具名称及报关单海关编号：载运货物进口的船只名称、汽车车牌号码、火车车次、飞机航班号码等，以及报关单的海关编号。

(19) 进口货物品名、规格：合同订明的进口货物名称、规格、型号、品质、等级等。

(20) 进口货物计量单位：合同订明的进口货物的计量单位。

(21) 数量：合同订明的进口货物的数量。

(22) 进口货物净重：扣除内外包装后的自然净重。

(23) 进口货物价值（CIF）：货物运达我国境内加工地点的到岸价格。

(24) 进口数量累计：本合同项下同一品种规格货物的进口累计数。

(25) 出口日期：本合同项下成品的运载工具向海关申报出境的日期。

(26) 运输工具名称及报关单海关编号：运载货物出境的船只名称、汽车车牌号码、火车车次、飞机航班号码等，以及报关单的海关编号。

(27) 出口货物品名、规格：出口货物的全称、规格、型号、品质、等级等。

(28) 出口货物计量单位：出口货物的计量单位。

(29) 数量：出口货物的数量。

(30) 出口货物净重：扣除内外包装后的自然净重。

(31) 出口货物价值：货物的出口成交价格。

(32) 出口数量累计：本合同项下出口货物的累计数。如果有不止一种规格的成品，应分别累计。

(33) 实际进口料、件名称，规格，数量，净重：如果有不止一种规格的料件，应逐项填具。

(34) 单耗：每件成品消耗进口料件的量。如果有不止一种料件，应逐项填报。

(35) 总耗：本合同项下出口成品实际消耗进口料件的总量。如果有不止一种料件，应逐项填报。

(36) 出口成品名称、数量、净重：填具货物的全称、数量、净重等，如出口成品有不止一种规格，应逐项填报。

(37) 名称：完成本合同后所剩余的进口料件的名称、规格、型号、品质、等级等情况。

(38) 剩余料件数量：完成本合同后所剩余的进口料件的数量。如不止有一种料件，应逐一填报。

(39) 申请处理意见：完成合同后，对如何处理有关剩余料件以及其他问题向海关提出的申请。

(40) 进口设备及出口产品或以工缴费偿还情况。

(41) 审批单位意见（签章）：原审批合同的机关加具意见并加盖公章。

(42) 外贸（工贸）公司意见（签章）：对外签订加工合同的外（工）贸公司加具意见并加盖公章。

第三节　进出口报关过程中的计算

一、监管费用

保税货物监管手续费费率分以下几种。

(1) 零费率：外商投资企业，储存 90 天以内的。

(2) 千分之一：高档类加工商品、国际运输工具的燃料、物品、备品、90 天以上的储存商品。

(3) 千分之一点五：机电产品的进口料件。

(4) 百分之一点五：各类免税商品。

(5) 千分之三：除机电产品外其余的来、进料经过料件，即包含了绝大多数的保税货物。

进口免税货物和保税货物的监管手续费的计算公式如下：

监管手续费＝CIF 到岸价×适用手续费费率

减按货物手续费的计算公式如下：

减按货物手续费＝CIF 到岸价×(1－实征/法征)×适用手续费费率

二、滞报金

进境货物滞报金的起收日期为自运输工具申报进境之日起的第 15 日；邮运进境货物的滞报金起收日期为收件人自接到邮局通知之日起的第 15 日。

转关运输进境货物滞报金起收日期有两个：

(1) 运输工具申报进境之日起第 15 日。

(2) 货物运抵指运地之日起第 15 日。

两个条件只要达到一个，即可征收滞报金（前一个由进境地海关征收，后一个由指运地海关征收）。如果两个条件均达到，则要连续计算滞报日期予以征收滞报金。

滞报金的起征日期有如下规定：海运、空运、陆运进口货物自运输工具申报进境之日起第 15 日开始；邮运进口货物自收件人收到邮局通知之日起第 15 日开始；转关运输货物自运输工具申报进境之日起第 15 日开始以及货物运抵指运地之日起第 15 日开始。如第 15 日为星期六、日或法定节假日，则顺延计算。

滞报金按日计算，收货人或其代理人向海关申报之日亦计算在内。滞报金的日征收额为进口货物到岸价格的 0.05%，滞报金的起征点为 10 元。滞报金以元计收，不足人民币1元的部分免收。

三、滞纳金计算公式

滞纳金计算公式如下：

滞纳金额＝欠缴税款(或欠的手续费)×1‰×滞纳天数

四、一般进口货物完税价格的审定

完税价格是指货物抵达中华人民共和国境内输入地点起卸前的运保费，因此成交价格包括成交价格和运保费两部分。成交价格包括实付、应付两类。

（一）进口货物成交价格法

（1）计入项目：计入项目包括除购货佣金以外的佣金和经纪费，出口货物作为一个整体的容器费，装费（包括材料费和劳务费），协助的价值，特许使用费（包括商标、专利、专有技术、版权）。特许使用费应当计入货物完税价格，必须符合以下几方面的要求：与进口货物有关，作为进口货物销售的一项条件，尚未包括在实付或应付价格当中。

（2）扣减的项目（发生在货物进口以后的费用、可以扣除的）：包括进口货物的基建、安装、维修、技术服务的费用，运抵境内输入地点之后的运保费，进口关税和国内税。

（二）倒扣价格法

必须扣除的项目有：

（1）买方销售佣金和销售利润。

（2）运抵境内输入地点之后的运保费。

（3）进口关税以及在境内销售有关的国内税。

（4）加工增值额。

（三）计算价格法

（1）生产该货物所需的原材料价值和进行加工装配或其他加工的费用。

（2）与我国境内出口享销售同级产品相符的利润和一般费用。

（3）货物在运抵输入地点之前的运保费。

模拟实训题

有条件的情况下带领学生实地参观或演练报关的全过程。

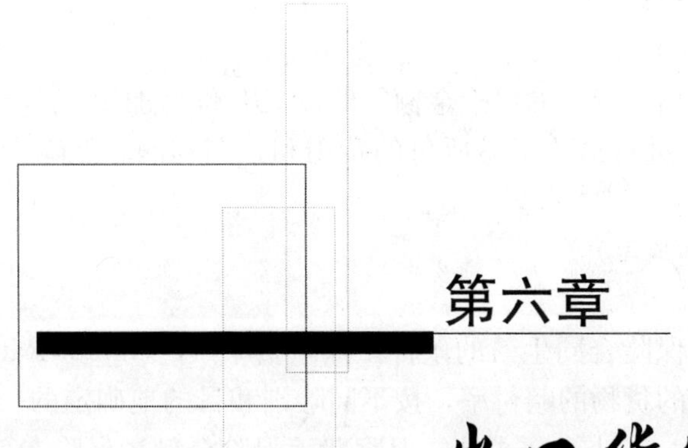

第六章

出口货物装运前的工作(四):投保

在国际贸易中，货物经过长途运输，往往不可避免地会受到自然灾害、意外事故或其他外来因素的影响而导致货物受损。为了保障收货人在货物受损后获得经济补偿，货主在货物出运前就须向保险公司投保（事前投保）。国际贸易保险有的由买方投保，有的由卖方投保，无论是由哪一方办理投保，一般都涉及根据买卖合同或惯常的做法，选择投保合适的险别，确定保险金额和缴纳保险费，并办理投保手续和领取合适的保险单证。投保人办理保险的工作程序包括投保和缮制保单两步骤。

［实训要点］

1. 了解各国运输保险的险种
2. 合理选择险种，分散风险

第一节　进出口货物保险的基本工作

一、投保

我国出口货物一般采取逐笔投保的办法。按FOB或CFR术语成交的出口货物，卖方无办理投保的义务，但在履行交货之前，即货物自仓库到装船这一段时间内，卖方仍承担货物可能遭受意外损失的风险，需要自行安排这段时间内的保险事宜。按CIF或CIP等术语成交的出口货物，卖方负有办理保险的责任，一般应在货物从装运仓库运往码头或车站之前办妥投保手续。我国进口货物大多采用预约保险的办法，各专业进出口公司或其收货代理人同保险公司事先签有预约保险合同（Open Cover）。合同签订后，保险公司负有自动承保的责任。

二、保险金额确定和保险费的计算

（一）保险金额（Insured Amount）

按照国际保险市场的习惯做法，出口货物的保险金额一般按 CIF 价另加 10%计算，增加的 10%为保险加成，也就是买方进行这笔交易所付的费用和预期利润。保险金额计算的公式是：

保险金额＝CIF 价×（1＋加成率）

（二）保险费（Premium）

投保人按约定方式缴纳保险费是保险合同生效的条件。保险费率（Premium Rate）是由保险公司根据一定时期不同种类的货物的赔付率，按不同险别和目的地确定的。保险费则根据保险费率表按保险金计算，其计算公式是：保险费＝保险金额×保险费率。在我国出口业务中，CFR 和 CIF 是两种常用的术语。鉴于保险费是按 CIF 价为基础的保险额计算的，两种术语价格应按下述方式换算：

由 CIF 价换算成 CFR 价：

CFR＝CIF×[1－保险费率×(1＋加成率)]

由 CFR 价换算成 CIF 价：

CIF＝CFR/[1－保险费率×(1＋加成率)]

在进口业务中，按双方签订的预约保险合同承担，保险金额按进口货物的 CIF 价计算，不另加减，保费率按“特约费率表”规定的平均费率计算；如果 FOB 进口货物，则按平均运费率换算为 CFR 价后再计算保险金额，其计算公式如下：

FOB 进口货物：

保险金额＝[FOB 价×(1＋平均运费率)]/(1－平均保险费率)

CFR 进口货物：

保险金额＝CFR 价/(1－平均保险费率)

三、保险单据

在国际贸易业务中，常用的保险单据主要有以下两种形式。

（一）保险单（Insurance Policy；Policy）

保险单俗称大保单。它是保险人和被保险人之间成立保险合同关系的正式凭证。因险别的内容和形式有所不同，海上保险单据最常用的形式有船舶保险单、货物保险单、运费保险单、船舶所有人责任保险单等。其内容除载明被保险人、保险标的（如是货物应填明数量及标志)、运输工具、险别、起讫地点、保险期限、保险价值和保险金额等项目外，还附有有关保险人责任范围以及保险人和被保险人的权利和义务等方面的详细条款。如当事人双方对保险单上所规定的权利和义务需要增补或删减时，可在保险单上加贴条款或加注字句。

保险单是被保险人向保险人索赔或对保险人上诉的正式文件，也是保险人理赔的主要依据。保险单可转让，通常是被保险人向银行进行押汇的单证之一。在 CIF 合同中，保险单是卖方必须向买方提供的单据。

（二）保险凭证（Insurance Certificate）

保险凭证俗称小保单。它是保险人签发给被保险人，证明货物已经投保和保险合同已经生效的文件。证上如无保险条款，表明双方按照本保险人的正式保险单上所载的条款办理保险合同事宜。保险凭证具有与保险单同等的效力，但在信用证规定提交保险单时，一般不能以保险单的简化形式提交。

四、保险索赔

保险索赔是指当被保险人的货物遭受承保责任范围内的风险损失时，被保险人向保险人提出的索赔要求。在国际贸易中，如由卖方办理投保，卖方在交货后即将保险单背书转让给买方或其收货代理人，当货物抵达目的港（地），发现残损时，买方或其收货代理人作为保险单的合法受让人，应就地向保险人或其代理人要求赔偿。被保险人或其代理人向保险人索赔时，应做好下列几项工作：

（1）当被保险人得知或发现货物已遭受保险责任范围内的损失，应及时通知保险公司，并尽可能保留现场。保险人会同有关方面进行检验，勘察损失程度，调查损失原因，确定损失性质和责任，采取必要的施救措施，并签发联合检验报告。

（2）当被保险货物运抵目的地，被保险人或其代理人提货时发现货物有明显的受损痕迹、整件短少或散装货物已经残损，应立即向理货部门索取残损或短理证明。如货损涉及第三者的责任，则首先应向有关责任方提出索赔或声明保留索赔权。在保留向第三者索赔权的条件下，可向保险公司索赔。被保险人在获得保险补偿的同时，须将受损货物的有关权益转让给保险公司，以便保险公司取代被保险人的地位或以被保险人名义向第二者责任方进行追偿，保险人的这种权利，叫做代位追偿权（The Right of Subrogation）。

（3）采取合理的施救措施。保险货物受损后，被保险人和保险人都有责任采取可能的、合理的施求措施，以防止损失扩大。因抢救、阻止、减少货物损失而支付的合理费用，保险公司负责补偿。被保险人能够施救而不履行施救义务，保险人对于扩大的损失甚至全部损失有权拒赔。

（4）备妥索赔证据，在规定时效内提出索赔。保险索赔时，通常应提供的证据有：保险单或保险凭证正本，运输单据，商业票和重量单、装箱单，检验报单，残损、短量证明，向承运人等第三者责任方请求赔偿的函电或其证明文件，必要时还需提供海事报告、索赔清单（主要列明索赔的金额及其计算依据），以及有关费用项目和用途等。根据国际保险业的惯例，保险索赔或诉讼的时效为自货物在最后卸货地卸离运输工具时起不超过两年。

五、在洽商保险条款时应注意的问题

洽商保险条款时应尊重对方的意见和要求。有些国家规定，其进口货物必须由其本国保险，这样的国家有 40 多个，如朝鲜、缅甸、印度尼西亚、伊拉克、巴基斯坦、加纳、也门、苏丹、叙利亚、伊朗、墨西哥、阿根廷、巴西、秘鲁、索马里、利比亚、约旦、阿尔及利亚、扎伊尔、尼日利亚、埃塞俄比亚、肯尼亚、冈比亚、刚果、蒙古、罗马尼亚、卢旺达、毛里坦尼亚等。向这些国家的出口，我们不宜按 CIF 价格报价。

如果国外客户要求我们按伦敦保险协会条款投保，我们可以接受客户要求，订在合同里。伦敦保险协会条款在世界货运保险业务中有很大的影响，很多国家的进口货物保险都采用这种条款。

经托收方式收汇的出口业务，应争取用 CIF 价格条件成交，以减少风险损失，因为在我们交货后，如货物出现损坏或灭失，买方拒绝赎单，我保险公司可以负责赔偿，并向买方追索赔偿。

第二节　我国货物运输保险的种类和险别

我国货物运输保险有海洋运输货物保险、陆上运输货物保险、航空运输货物保险和邮电保险四种。每种保险又有不同的保险责任的类别这种保险责任的不同类别，就是保险险别。

现将中国人民保险公司货物运输保险的种类、险别以及对于保险期限的有关规定分述如下：

一、海洋运输货物保险条款（Ocean Marine Cargo Clause，O. M. C. C.）

（一）基本险

1. 平安险（Free from particular Average，F. P. A.）

平安险的责任范围包括：被保货物在运输途中因各种自然灾害，如雷电、海啸、地震、洪水或恶劣气候所造成整批货物的全部损失；运输工具发生意外事故，如搁浅、触礁、沉没、互撞、与流冰或其他物体碰撞、火灾、爆炸等意外事故所引起的货物全部或部分损失；或在上述运输工具搁浅、触礁、沉没等意外事故的情况下，在此前后货物又遭受恶劣气候、雷电、海啸等自然灾害所造成的部分损失；货物在转运或装卸中造成整件货物落海的全部或部分损失；货物遭受承保责任范围内的危险，被保险人为减轻或避免损失而采取抢救措施所支出的合理费用的损失（该费用不得超过被保险金额）；运输工具遇难后在避难港或中途港所支出的卸货、存仓、运送等费用支出；由于卸货又引起的损失；共同海损的牺牲、分摊和救助费用等；如运输契约订有“船舶互撞责任”条款，按条款规定由货方偿还船方的损失。

2. 水渍险（With Particular Average，W. P. A.）

水渍险除负责上述平安险所规定各项责任外，还负责货物由于恶劣气候、雷电、海啸、地震、洪水等自然灾害所造成的货物部分损失。

3. 一切险（All Risks）

一切险除负责上述平安险和水渍险所规定各项责任范围外，还负责货物在运输途中由于外来原因所造成的全部或部分损失。一切险还包括有下列一般附加险在内：

（1）偷窃、提货不着险（Risks of Theft，Pilferage and Non-delivery，T. P. N. D.）。偷窃、提货不着险承保货物在保险有效期内，因偷窃造成货物的损失，或货到目的港前，由各种原因而造成收货人未能如数收货的整件货物的损失。

（2）淡水雨淋险（Risk of Fresh Water，Rain Damage，F. W. R. D.）。淡水雨淋险承保货物在保险有效期内因被雨水或淡水，包括船上淡水舱、水管漏水，或冰雪融化所致损失。前述平安险和水渍险的责任范围只包括咸水所致损失，不含淡水所致的损失。本险别是对平安险或水渍险的有效补充。

（3）短量险（Risk of Shortage）。短量险承保在保险有效期内，包装货物由于外包装破损、开口、裂缝等所致货物的外来原因的短少，或散装货物在装运时与卸货时重量差额的短量损失。在保险公司对本险别的责任范围不包括货物正常的自然损耗。

（4）混杂、沾污险（Risks of Intermixture & Contamination）。货物在运输过程中被混入其他杂质而损害货物原质量，或与其他货物接触被有害物质、颜色等所污染，这种损失都在本保险承保范围内。

(5) 渗漏险 (Risk of Leakage)。渗漏险承保液体货物因包装容器损坏造成货物漏损；或带有流渍的货物，如盐渍蔬菜等，因其流渍渗漏使货物变质的损失。

(6) 碰损、破碎险 (Risk of Clash & Breakage)。碰损、破碎险承保货物在运输过程中，因外来原因的挤压、震动，造成货物凹瘪、碰损，如搪瓷器具的脱瓷，漆器等货物的脱漆、刺伤等损失，或易碎货物由于外来因素使货物破碎等损失。

(7) 串味险 (Risk of Taint of Odour)。串味险承保货物在运输过程中，尤其食品类货物接触其他货物的有害异味的串味损失。如茶叶接触卫生球的串味等。

(8) 受潮、受热险 (Risk of Sweat and Heating)。受潮、受热险承保货物在运输过程中，由于气温变化，使粮食等货物发热变质；或船舱湿度增高，使货物受潮变质等损失。

(9) 钩损险 (Risk of Hook Damage)。钩损险承保货物在运输过程中使用吊钩或手钩进行装卸，使货物本身钩破，或外包装钩破造成货物渗漏的损失。

(10) 包装破裂险 (Risk of Breakage of Packing)。包装破裂险承保货物因包装的破裂造成货物的短量、沾污的损失，或因包装破裂，进行修补、换装的费用支出的损失。

(11) 锈损险 (Risk of Rust)。锈损险承保货物在保险有效期内的运输过程中，由于货物非原装时发生生锈的损失。货物在保险前原装货物已存在生锈者不在保险责任范围内，如铁管、铁板等金属的裸装货物，必然要生锈，不应投保本险别。

以上 11 种一般附加险别属于"一切险"范围内。如已保了一切险，另加保或不加保上述一般附加险都不改变一切险的责任范围。在已保一切险的条件下，即使再加保一般附加险也不另收保险费。但一般附加险不能离开主要险别而单独投保，要在主要险别基础上加保。

(二) 特别附加险条款

1. 交货不到险条款 (Failure to Deliver Clause)

不管任何原因，只要不是承运人的责任，货物装船后在 6 个月以内不能到达目的地交货，保险公司均负责赔偿货物的全部损失。本条款与提货不着险不同。被保险人如获得本险赔偿后，应将货物权益转移给保险公司。

2. 进口关税险条款 (Import Duty Clause)

由于货物受损、短量、残缺，而进口关税仍按完好货物价值计缴时所遭受的损失，由保险公司负责。

3. 舱面险条款 (On Deck Clause)

一般海运货物均装在船舱内，但某些特殊的货物，如长度太长，体积过大，易污染其他货物或有毒性等，只能装载在舱面上。本条款负责承保装载在舱面上的货物因露天保管，风吹、雨淋、暴晒、海水溅湿而遭受的损失。

4. 拒收险条款 (Rejection Clause)

拒收险条款涉及某些货物到达目的地被进口国家有关当局或政府拒绝进口或被没收造成的损失。投保本条款必须在进口商已获得进口许可证或进口配额的条件下，保险公司才能负责给予办理。

5. 黄曲霉素险条款 (Aflatoxin Clause)

某些商品如花生等因变质而产生一种有毒的菌素——黄曲霉素。该条款涉及商品因上述情形违反了进口国家的有关规定，被没收或禁止进口所造成的损失。对于上述的拒收险和黄曲霉素险，如果损失产生，被保险人有义务对被没收或拒绝进口的货物进行处理，或对所引起的争执申请仲裁。

6. 出口香港（包括九龙）、澳门存仓火险责任扩展条款（Fire Risk Extension Clause for Storage of Cargo at Destination Hong Kong，Including Kowloon，or Macao，F. R. E. C.）

本条款指对香港和澳门地区出口货物直接卸入过户银行指定仓库后，其存仓火险责任可延长至过户银行解除货物权益或承运人责任终止后30天。

上述6种特别附加险条款在投保前投保人须与保险公司事先联系，经保险公司同意接受后才能办理投保。

特别附加险和上述未列出的各种其他附加险，保险公司均不会随便接受。在审核信用证时遇有上述未规定的额外附加险，应与保险公司联系。

（三）特殊附加险

1. 海洋运输货物战争险（Ocean Marine Cargo War Risk）

该险别承保货物在海洋运输途中因战争、海盗行为所造成的货物损失。但由于原子、核武器所造成的损失，或由于战争，执政当权者扣押、拘留所引起的航程丧失或损失，保险公司均不负责。

战争险是一种特殊附加险。同样只能在投保了主要险别的条件下，才能加保战争险。投保战争险要加收保险费。

海运战争险的有效起讫期是从货装上保险单上记载的起运港轮船或驳船开始，至保险单上的目的港货卸离轮船或驳船为止。如未按时卸货，最长保险效期以货到目的港的当日午夜起算，15天内有效。如中途转船，不论在当地是否卸载，均以货到该港的当日午夜起算，15天内有效。货物再装上海轮续运时，又恢复有效。

2. 海洋运输货物罢工险（Ocean Marine Cargo Strike Risk）

该险别承保被保险货物由于罢工者、被迫停工的工人或参加工潮、暴动、民众斗争的人员的行动，或任何人的恶意行为造成的直接损失，但不负责罢工期间由于劳动力的短缺或不能履行正常职责所致的保险货物的损失。

（四）其他主要险别

1. 海洋运输冷藏货物险（Marine Insurance For Frozen Products）

（1）冷藏险（Risks For Frozen Products）

该险别承保冷藏货物在海洋运输途中由于恶劣气候、雷电、海啸、洪水等自然灾害导致的损失，由于运输工具遭受搁浅、触礁、沉没、互撞或与流冰、其他物体碰撞导致的损失，因火灾、爆炸等意外事故所导致的损失，由于冷藏机器停止工作连续达24小时以上所造成的损失，装卸过程中整件货物落海的部分或全部损失，运输工具遇难在避难港卸货所引起的损失。由于卸货、存仓以及运送货物所引起的特别费用，共同海损牺牲、分摊和救助费用以及被保险人对遇险货物采取抢救措施所支付的合理费用，也在承保范围之内。

（2）冷藏一切险（All Risks For Frozen Products）

该险别除包括上述冷藏险责任外，还包括货物在途中由于外来原因所致的腐败或损失。

2. 海洋运输散装桐油保险

这是海上货物保险中的一种专门保险，承保海上运输的散装桐油不论任何原因造成的短少、渗漏、沾污和变质的损失。

二、陆上运输货物险（Overland Transportation Cargo Insurance)

（一）基本险

本保险条款主要指火车和汽车的货物运输险。

1. 陆运险（Overland Transportation Risks)

该险别承保陆运货物在运输途中由于暴风、雷电、洪水、地震等自然灾害造成的损失，由于运输工具遭受碰撞、出轨、翻车、崖崩、隧道坍塌、失火、爆炸造成的损失，需驳运卸货其驳运工具搁浅、触礁、碰撞、沉没等意外事故造成的全部或部分损失。被保险人对遇险货物采取抢救措施所支付的合理费用也在承保范围之内。

2. 陆运一切险（Overland Transportation All Risks)

该险别除包括上述陆运险责任外，还承保货物在途中由于外来原因所致的全部或部分损失。

（二）陆上运输货物战争险（Overland Transportation Cargo War Risks)

陆上运输货物战争险与上述海洋运输货物战争险，两者承保不同运输方式下的货物，但其责任范围基本一致。同样是特殊附加险，海运战争险增加“海盗行为所致的损失”，而陆上运输货物战争险没有。

三、航空运输货物险（Air Transportation Cargo Insurance)

（一）基本险

主要包括在空运途中因自然灾害、意外事故或外来原因造成的货物损失。

1. 航空运输险（Air Transportation Risks)

本险别的责任范围与海洋运输货物的“水渍险”责任范围相类似，只是两者承保货物的运输方式不同。

2. 航空运输一切险（Air Transportation All Risks)

本险别的责任范围与海洋运输货物的“一切险”责任范围相类似，只是两者承保货物的运输方式不同。

（二）航空运输货物战争险（Air Transportation Cargo War Risks)

航空运输货物战争险的责任范围与海洋运输货物战争险的责任范围相类似，同样是特殊附加险，只是海运战争险增加有“海盗行为所致的损失”一项。

四、邮包保险（Parcel Post Insurance)

（一）邮包险（Parcel Post Risks)

该险别承保通过邮包邮寄的货物在运输过程中因自然灾害和意外事故造成的损失。

（二）邮包一切险（Parcel Post All Risks)

本险别除包括邮包险所属范围的责任以外，还承保由于外来原因所造成的损失。

五、保险期限（Period of Insurance)

保险期限就是保险公司对货物保险的责任有效起讫时间的期限。现分述如下：

（一）仓至仓条款（Warehouse to Warehouse Clause，W/W)

本条款指保险公司对于所承保的货物的责任期限，从货物运离保险单上所记载的起运地发货人的仓库开始，至货进入保险单所记载的目的地收货人仓库为止。货进入收货人仓库，保险责任即告结束。如果收货人迟迟不将货物入库，该责任期限也不是无休止的延长。按仓至仓条款规定，保险期限为该货卸离海轮起满60天，即使货未入库，其保险期限也告终止。

（二）航程终止条款（Termination of Adventure Clause）

本条款是指被保险人在无法控制的情况下，被保险货物到达保险单所载明的目的地之前，承运人未能将货物运至目的港，其保险期限仍继续有效的条款。保险期限为货物在卸货港卸离海轮后60天。

（三）扩展责任条款（Extended Cover Clause）

本条款是指被保险人无法控制的情况下，被保险货物在运输途中产生被迫绕航转运等情况，保险公司仍继续承担责任。

（四）驳运条款（Craft Clause）

本条款是指由于某种情况海轮无法停靠码头装卸货物，使用驳船驳运装卸，在装卸过程中，货物所发生的损失，保险公司也应给予赔偿。

第三节 海运进出口货物保险实务

一、海运出口货物保险实务

（一）努力争取出口贸易以CIF、CIP贸易术语成交

出口货物从卖方运到买方的长途运输和装卸过程中，常常会由于自然灾害、意外事故或其他外来原因遭受损失。为了在货物受损后获得经济补偿，货主在货物出运前就必须及时向保险公司办理投保。采用不同的贸易方式出口，办理投保的人就不同。凡采用FOB及CFR条件成交时，在买卖合同中，应订明由进口方投保（to be effected/covered by the buyers）。凡以CIF条件成交的出口合同，均须向保险公司按保险金额、险别和适用的条款投保，并订明由卖方投保。国际贸易价格条件由买卖双方协商决定，争取以CIF或CIP贸易术语成交不仅可为国家多收外汇，扩大我国的保险业务，而且有利于出口商，原因有以下三点。

（1）海洋运输货物保险的责任范围是仓至仓，由出口商投保，保险公司从货物出仓开始承担责任。以CFR、FOB或CPT、FCA术语成交，保险由进口商自行购买，由于买卖双方的风险划分是以货物越过发货港船舷为界，所以保险责任也就从这一点开始。这样，从仓库到装上海轮前这一段风险要么由出口商自负，要么由出口商再向保险公司购买保险，从而增加了出口商的风险或保费负担。

（2）以CFR或CPT成交，出口商在发货装船时，应向进口商发出“装船通知”，以便进口商及时办理保险手续。如果出口商由于疏忽或其他原因漏发、迟发通知，以致进口商未能及时办理投保手续，那么，根据国际贸易惯例和某些国家的国内法，在此期间发生的一切风险损失，由出口商承担责任。因此，按CFR或CPT条件成交明显增加了出口商的费用和责任。

（3）采用D/P、D/A付款方式的出口交易，则更应以CIF或CIP成交。因为在国内买了保险，即使出口货物在运输途中遭到重大损失，进口商拒绝付款或承兑，出口商也能从保险人手中获得相应的经济补偿。

(二)出口货运保险的投保与保险单的转让

凡以 CIF 和 CIP 条件成交的出口货物,由我国出口企业在当地保险公司办理投保手续(尤其在仓至仓条款下),被保险人应在货物运离仓库前向保险公司办理投保手续。被保险人根据信用证或合同(托收方式时)规定填制《运输保险投保单》(Application For Transportation Insurance)或其他名称的投保申请单。投保单主要内容和项目要正确、齐全,因为保险公司是根据该投保申请单出具正式保险单的。如果投保单有差错、不完整会影响将来安全、及时收汇,甚至造成国外拒付的事故。投保申请单主要内容有:

(1)被保险人名称(The Insured's Name)。一般是出口企业名称。如信用证要求以进口商名称投保或指明要过户给银行,在投保单上应明确表明,以便保险公司按要求制作保险单据。

(2)标记(Marks & Nos.)。与发票、提单上的标记一致,如标记繁杂,可以简化,如"与×号发票同"(as per Invoice NO. ×××)。

(3)包装及数量(Package & Quantity)。写明包装性质,如箱、捆、包以及具体数量,以集装箱装运的也要注明。

(4)货物名称(Description of Goods)。不能将货物写成百货、食品,而要写具体品名,如服装、大米、小五金等。可写统称,但不能与发票所列货名相抵触。

(5)保险金额(Amount Insured)。按买卖合同规定的加成比例计算保险金额,保额小数点后进位成整数(不能用四舍五入法),所用币制应与发票一致。

(6)船名或装运工具(Per Conveyance)。海运应注明船名。

(7)开航日期(Sld. On Abt.)。按确定日期或大约月、日填写,与提单所列开航日期要一致。

(8)航程。即写明从何地起运至何地止。如转内陆,则要写明内陆城市名称,不能笼统写"内陆城市"。

(9)保险险别(Conditions)。要明确具体险别,不能笼统地写"海运保险"(Marine clauses)。

(10)赔款地点(Claim Payable At……)。通常是在货运目的地,如果是在目的地之外的地点,要加以注明。

(11)投保日期(Applicant's Date)。保单上载明的出单日期,不能迟于提单上的开航日期。

在办理投保以后发现投保项目有变更或错漏,要及时以书面形式通知保险公司,保险公司视具体情况或在原保单上更改,或出立批单,以防止可能产生的被动和不良结果。

一般说来,以信用证付款的合同,当卖方将出口货物装上海轮后,风险就转移到买方。倘若保险单是以卖方为被保险人的,按商业习惯,卖方在将单证送到银行结汇前,要在保险单正本加盖签章(即背书)。这份保险单的权益就随同被保险货物权利的转移而转给单据持有人。

投保申请单项目如发现存在差错、遗漏等情况,应及时通知保险公司更正。已出具保险单者,如发现保险单内容有错误、遗漏或变更项目等情况,申请人应及时向保险公司重新出具保险单或签发批单(Endorsement),作为更改保险单的书面文件,批单应粘贴在原保险单上,并经保险公司骑缝盖章,为保险单不可分割的一部分。如保险单已寄交收货人，应按原寄单路线寄交收货人，要求粘贴在原保险单上。如投保申请单有虚假或隐瞒真实情况等问题，发生损失，保险公司可以不负责赔偿。

目前我国有些地区的保险公司为了方便工作，不使用投保申请单，而由被保险人自己直接代保险公司缮制保险单，并提供发票及信用证副本给保险公司（或其他类似单据以代替申请单），保险公司据以审核、填制险别及签章。

被保险人的投保申请单与保险单作为保险公司与被保险人双方保险契约的一种形式。保险单也是被保险人向保险公司索赔的书面依据。

对于某些特别附加险或超出保险公司规定范围的险别，被保险人需要事先与保险公司联系，经保险公司同意后才能办理投保。

另外，在办理时还需注意以下问题：

（1）应根据出口合同或信用证规定，在备妥货物并确定装运日期和运输工具后，按规定格式逐笔填制保险单。

（2）将填制好的保险单送保险公司投保，缴纳保险费，并向保险公司领取保险单证。保险费计算公式如下：

保险费＝保险金额×保险费率

保险费率是按照不同货物、不同目的地、不同运输工具和投保险别，由保险公司根据货物损失率和赔付率，参照国际保险费水平，结合我国具体情况而制定的。保费的确定将影响发票中CIF价格和FOB价格之间的换算值。

（三）确定保险金额和交付保险费

1. 确定保险金额

保险金额是投保人对保险标的的实际投保金额，是计算保险费的基础。在保险标的受损时，它是保险人承担赔偿责任的最高限额。

在国际货物运输业务中，保险金额一般是以被保险货物的发票金额为基础确定的。从进口成本来看，无论以何种贸易条件成交，买方除要承担FOB价外，还须承担运费和保险费，所以，保险金额一般是以货物的CIF或CIP价发票金额为基础确定的。在国际贸易中，若货物全部损失，而被保险人得到的补偿却只是CIF或CIP发票金额，那么，他已经支付的经营费用和预期利润仍然无法得到补偿。因此，各国保险法和相关国际惯例均规定，国际货物运输保险的保险金额，可以在CIF或CIP货价的基础上适当地加成，一般加一成（10%），加成的多少应视实际需要而定。

保险金额的计算可采用下面的公式：

保险金额＝CIF(或CIP)发票金额×(1＋加成率)

2. 保险费计算

保险金额乘以所规定的保险费率得出保险费。中国人民保险公司的运输货物的保险费率分为两大类，即一般货物费率和指明货物费率。凡是损失率高，容易受损的货物列为一类，适用指明货物费率。除指明货物以外的其他所有货物都适用一般货物费率。

一般附加险属于一切险范围，所以投保一般附加险不另加费，特别附加险则加费。投保货物运输战争险和罢工险任何一项时，要另收保险费。如果两者同时投保，只收一项，不能两者重复收。

（四）关于单证一致方面的常见问题及处理原则

1. 常见问题

在采用信用证方式结算货款的交易中，单证一致是出口收汇的重要条件之一。但在实际业务中，往往境外进出口商开出的信用证中保险条款与买卖合同中保险条款不一致。如果处理不当，小则增加出口费用，大则影响按时出口结汇。常见的问题有下列几种。

(1) 来证要求投保任何原因的损失或损坏。保险所承担的责任一般是意外的、外来的原因致使保险货物受到损失或损坏。如果来证要求投保不论任何原因的损失，则包括了货物自身的品质、质量以及自然损耗等，保险公司一般不予接受。

此外，外商还会提出要求投保一些特殊险别，如拒收险等，保险公司即使接受了投保，也会大大增加保险费用。

(2) 来证扩大了投保险别。来证要求投保的险别，如果其责任范围超过了买卖合同的规定，应视不同情况区别对待。例如，合同订明是水渍险，来证要求投保一切险，一般可按一切险投保，发生的保费差额可请保险公司另行出具保费收据，向进口商收取。合同订明投保一切险，来证列出要附加 TPND、Breakage 等附加险，因为这些险别已包括在一切险范围内，被保险人可向保险公司提出加列这些内容，保险公司不会另行加费。

(3) 保险金额加成的幅度。《跟单信用证统一惯例》(国际商会第 500 号出版物) 第三十四条中提到，保险单据表明的投保最低金额应为货物的到岸价金额加 10%。目前，保险金额一般也都按 CIF 金额的 110%计算。有的进口商来证要增加保额。为避免道德风险，对过高的保险加成要慎重，一般掌握在发票金额的 130%～150%，如合同订明按 110%投保，来证要求提高保额，在征得保险公司同意后，可请保险公司对增加的费用另行出具收据，向进口商收取。

(4) 延长保险期限。如进口商要求货物卸离海轮后增加在码头仓库的保险期限，可要求保险公司对原保险单加批，这里也存在保险公司会加收保费的问题。

(5) 转运内陆目的地。买卖合同未订明保险到内陆某地，而信用证规定保险要延伸至内陆某地时，可在加费的基础上接受。但保险公司不会接受无确定起点的“转内陆”要求，遇到这种情况，则应要求对方修改信用证予以明确。

(6) 来证修改成交方式。CIF 或 CIP 价格条件的合同，来证改成 CFR 或 CPT，要求价格中扣除保险费，照例应按合同条款办事，要求对方改证。如果客户坚持，一般也应维持原来的货价，注意对方扣除的保险费不能高于我国保险公司实收保险费的金额。

2. 来证额外要求的处理原则

(1) 对于客户的特殊或无理要求，保险公司又不能接受承保的，应及早通知开证人修改信用证条款。

(2) 信用证规定虽与合同内容不一致，但所提要求保险公司可以承保，要加收保险费的，增加的保险费原则上应由外商承担，我方可要求外商在信用证上加列可支付增加保费的条款。如涉及金额小，则可请保险公司另行开立收据向对方托收，或由出口公司自行承担。

(3) 有些要求可以接受，又不涉及保费金额，则可要求保险公司在保单上加列，以符合“单证一致”。

总之，要顺利处理来证上的保险条款与合同不一致的问题，及时做好信用证的预审工作，以便及早发现问题，有较充裕的时间采取相应的措施。以免产生被动。

(五) 出口运输货物保险发生损失后的处理

出口货物在我国保险后，如果货到国外发现灭失或损坏，收货人或其代理人应及时向保险公司在当地的理赔、检验代理人申请检验。代理人的名称、地址、电话等一般都在保险单上注明。如果当地无保险公司的特约代理，则可委托当地有资格的检验人检验出证。

保险公司聘请的代理人一般有两种：一种代理人既负责检验又负责理赔，收货人在委托其检验，并向其提供各项索赔单证后，由该代理直接赔付；另一种代理人仅负责检验货损，收货人在取得其出具的检验报告后，连同保险单、提单、发票及其他有关必要的索赔单证直接寄交保险公司索赔。有时，收货人将索赔单证直接寄送给出口商。由于出口商投保仅是代办性质，所以，如货损属于保险责任范围，出口商只需将全套单证转交保险公司处理，保险公司赔与不赔均与出口商无关。如货损属于品质不良、原装短少等发货人的责任，则应由发货人自行处理。

二、运用“仓至仓条款”保护企业利益

“仓至仓条款”是运输货物保险中较为典型的条款，它具有充分性、严密性和普遍性的特点。

所谓充分性，是指货物保险人对被保货物的保障贯穿于货物运输全过程的各个环节，涉及各种运输方式。

所谓严密性，是指“条款”将一切可能发生的情况都一一作了规定，使保险合同双方当事人有章可依。如：除了将空间的“仓至仓”以时间概念（60 天）限定之外，“条款”还对以下几种情况作了规范。

（1）若货物运抵被保险人用做分配分派的处所，或在非正常运输的情况下运抵其他储存处所，保险责任即告终止。

（2）若货物在卸离海轮后 60 天内被运往非保险单载明的目的地，当开始转运时保险责任即告终止。

（3）若发生被保险人无法控制的延迟、绕航、被迫卸货、重装、转载或承运人终止运输契约等情况，使保险货物运到非保险单所载明的目的地时，在被保险人及时通知保险人并在必要时加缴保险费的条件下，保险责任在以下两种情况下有效。

1）若货物在当地出售，则保险责任期限至交货时为止，最长不超过货物全部卸离海轮后 60 天。

2）货物在 60 天内继续运往原保险单所载目的地，保险责任仍按前述期限终止。

所谓普遍性，一是指“仓至仓条款”对每一张海上运输货物保险单都毫无例外地加以限定和规范；二是指目前世界上几乎所有国家的海上货物运输保险都采纳了“仓至仓条款”，它早已成为国际贸易中规范运输货物保险人与被保险人之间责任起讫的国际性条款；三是指国际贸易中其他运输方式，如航空、集装箱、火车等所涉及的运输货物保险，也大都效仿了海上运输货物的“仓至仓条款”的原则来限定各自保险责任期间。

值得注意的是，“仓至仓条款”具备如此性质，往往使一般人产生误解，认为只要采用了此条款，在任何阶段发生的保险风险，其损失都可由保险公司赔偿。这种误解往往使得运输货物在某阶段的损失得不到保险公司的赔偿，导致进出口企业的经济损失。究其原因，主要是人们忽视了因贸易风险的转移引起的保险利益的变化。其中的主要问题有以下几个方面。

首先，进出口公司要得到运输货物的保险赔偿，必须同时具备四个条件：

（1）所发生的风险是在保险责任范围之内；

（2）所遭受的损失与发生的风险之间具有直接的因果关系；

（3）在保险标的遭受风险时，索赔人对其具备保险利益，即货物损失与索赔人之间存在利害关系；

（4）依照“仓至仓条款”，被保险货物遭损的时间和地点是在保险期间之内。

以上四个条件须同时具备，缺少其中任何一个，索赔人都不会得到赔偿。

其次，依照国际贸易习惯，买卖双方在海上运输中的风险，一般是以货过船舷为界限来划分的，即货物装船前的风险由卖方承担，装船后的风险由买方承担。所以，货物在装船前对卖方具有的保险利益，装船之后就转移为对买方具有保险利益。如前所述，不具备保险利益则得不到保险赔偿，因此，尽管“仓至仓条款”涵盖全部运输过程，若损失在装船前发生则索赔权仅在卖方；若损失在装船后发生则索赔权大都转到了买方。

次者，依照国际贸易习惯，不同的贸易价格条件下，买卖双方所承担的权利义务也不同。仅就办理保险而言，CIF 和 CFR 价格条件成交的业务，由卖方依照双方在合同中的约定办理保险，但如果保险公司出具的货物运输保险单是以买方为被保险人，即使采用“仓至仓条款”，卖方在装船前的货物风险在此保单项下因不具备保险利益仍然会得不到保障。

最后，根据我国习惯做法，进口公司往往采取与国内直接用户订立销售合同的方法将进口货转卖并由直接用户到港口提货。若购销合同规定为舱底或港口交货，处理不当就会因货物所有权的及早转移，使得本来可以依照“仓至仓条款”使保险责任范围延续至内地仓库的海上货物运输保险单失去保障性。

那么，进出口企业应如何巧妙利用“仓至仓条款”才能做到既节省费用又使自己的利益得到充分保障呢？以下几点需要加以注意。

第一，在出口公司投保海洋运输货物保险时，应将自己作为被保险人，然后将保险单背书转让给国外进口商。这样可以利用外商付来的保险费，充分运用“仓至仓条款”的承保范围，在不另付保险费、不须另办保险的情况下，使自己在装船前阶段的风险得到保障。

第二，进出口公司在办理运输货物保险时，要将所托货物在装卸海港通过陆上、水上运输延伸到内地阶段的风险合并在一张远洋运输货物保险单中投保。对此，保险人一般都可按客户需求承保，而且对保险价格也会给予优惠。这样做，进出口公司可避免对海运过程的两端延伸到内地阶段另外购买保险。费用可节省一半至三分之二。应当特别注意的是，保险单中内容涉及从内地到港口，又从港口到内地，起讫地点的表述一定要清楚准确，以免产生漏保或责任纠纷。

第三，若进口货物由国内用户或国内贸易公司接货并集中运往内地，进口公司除了应将内地段的运输与远洋运输一并投保货物保险外，还应注意将提单和保险单及时转让给国内直接用户或贸易公司，使得“仓至仓条款”范围内的保险保障得以继续。

第四，进出口公司应注意“仓至仓条款”的时间界限，尽量在条款规定的时间范围内完成运输任务。货物在港口停留时间不能超过 60 天。如要在中途对货物出售或分配分派，货物抵达出售或分派地点之后，就超出了“仓至仓条款”的保障范围，进出口公司须另行购买保险。

模拟实训题

1. 新加坡富达贸易有限公司以 FOB 价向我国机械进出口公司出口一批货物，我方按习惯以预约保险方式投保。现富达公司传来装运通知（保险申请书）如下。

FUDA TRADING CO.，LTD（PTE）

Commercial Building 19 A 07 Singapore
Tel：（65）2210001 Telefax：（65）22104521

To：CHINA NATIONAL MACHINERY IMPORT & EXPORT CORPORATION

INSURANCE DEClARATION
（SHIPMENT ADVICE）

Singapore，Aug. 10th，2004

Messr，

Dear Sirs，

L/C No. MS1812
Cover Note（or open policy）
No. AD335

Under the captioned Credit and Cover Note（or Open Policy），Please insure the goods as detailed in our Invoice No. Enclosed，other particulars being given below：

Carry Vessel's Name：STAR RIVER V. 052
Shipment Date：on or about Aug. 15th，2004
Covering Risks（as arranged）
Kindly forward directly to the insured your Insurance Acknowledgment.
FUDA TRADING CO.，LTD（PTE）

试问：若由我方自行投保，应如何填写投保单？中国人保公司业务部应如何根据该暂保单内容打制保险单？（若L/C中保险条款为：MARINE INSURANCE POLICY OR BLANK ENDORSED FOR FULL CIF VALUE PLUS 10 PT COVERING INSTITUTE ALL RISKS AND WAR RISKS IN DUPLICATE SHOWING CLAIMS IN ANY PAYABLE AT SINGAPORE，并已知中国人保公司在新加坡的代理为：OCEAN-AIR SINGAPORE CLAIMS INC AT 120 JOHN STREET，SAUITE 1500，SINGAPORE 10035）

2. 在一笔CIF的交易中，已知：BENEFICIARY：CHINA NATIONAL LIGHT PRODUCTS I. & E. CORP，APPLICANT：MACE INDUSTRIES，HONGKONG

现客户通过我联行BANK OF CHINA，HONGKONG BRANCH开证。客户在香港恒生银行（HANGSENG BANK LTD，HONGKONG）有账号，但在中国银行香港分行无账号，须由恒生银行代进口商出账，试问：

(1) 如被保人按 P. I. C. C. 条款加一成投保海运一切险，日后按一正一副的全套保单向银行交单据，并以记名方式将保单权益转给恒生银行指定的持单人，则 L/C 的保险条款应如何开立？

(2) 假如中国轻工业产品进出口公司结算部的负责人为李明，则李明在转让保单时应如何背书？

(3) 当前，香港恒生银行已和中国银行建立代理关系，客户可直接通过香港恒生银行开证。鉴于此，保单转让还有没有必要采用记名背书的方式？

(4) L/C 规定：买方投保时应以买方为被保人，对此卖方能否接受？如接受，保单将如何转让？

(5) 若 L/C 中提单条款规定为 3/3 FULL SET OF CLEAN ON BOARD OCEAN B/L SHOW BENEFICIARY AS SHIPPER, MADE OUT TO SHIPPER, AND ENDORSED IN BLANK MARKED FREIGHT PREPAID AND NOTIOFY ACCOUNTEE。保单条款仍按（1）中条件开立。对此，能否接受？若不能接受，应如何修改？

3. 将以下 L/C 中保险条款译为中文：

INSURANCE POLICY OF CERTIFICATE BLANK ENDORSED FOR FULL CIF VALUE PLUS 10 PERCENT COVERING AIR TRANSPORTATION ALL RISKS AND WAR RISK (INCLUDING WAREHOUSE TO WAREHOUSE), IRRESPECTIVE OF PERCENTAGE AS PER CIC (1/11981) IN 2 ORIGINALS SHOWING CLAIMS IF ANY PAYABLE AT DESTINATION.

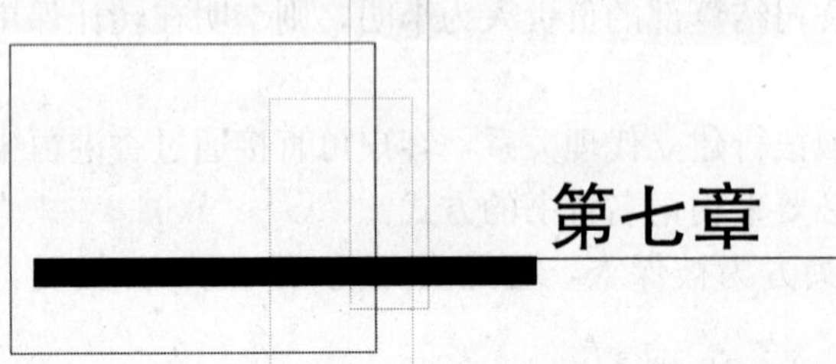

第七章

出口货物装运工作

国际运输中的运输方式是很多的，其中包括海洋运输、铁路运输、航空运输、河流运输、邮政运输、公路运输、管道运输、大陆桥运输以及由各种方式组成的国际多式联运等。出口商在出口时需要根据本公司商品的情况和各种运输的特点来选择最佳的运输途径和运输方式。

［实训要点］

1. 合理安排运输路线
2. 正确审核与应用提单
3. 了解国际海洋运输的概况

第一节　运输方式的选择

一、海洋运输

海洋运输是国际贸易运输中使用最广泛的运输方式。目前，海洋运输运量在国际货运总量中占80%以上。海洋运输之所以被如此广泛使用，主要是它与其他运输方式相比，有以下明显的优点：

（1）通过能力大。海洋运输可以利用四通八达的天然运输航道。它不像火车、汽车受轨道和道路的限制，故其通过能力大。

（2）运量大。海洋运输船舶的运载能力远远大于铁路运输车辆和公路运输车辆。一艘万吨船舶的载重量一般相当于250～300个车皮的载重量。

（3）运费低。按照规模经济的观点，运量大、航程远，分摊于每吨货运的运输成本就少，因此运费就会相对低廉。

海洋运输虽具有上述优点，但也存在不足之处。例如，海洋运输受气候和自然条件的影响较大，航期不易准确确定，而且风险较大。此外，海洋运输的速度也相对较慢。

二、铁路运输

在国际货物运输中，铁路运输是一种仅次于海洋运输的主要运输方式，海洋运输的进出口货物，一般也要通过铁路运输进行货物的集中和分散。

铁路运输有许多优点：一般不受气候条件的影响，可保障全年的正常运输，而且运量较大，速度较快，有高度的连续性运转的可能，受风险影响较小；办理铁路货物运输手续比海洋运输简单，而且收获人和发货人可以在就近的始发站和目的站办理托运和提货手续。铁路运输又可以分为国际货物联运和国内货物运输两种。国际货物铁路联运是指使用一份统一的货物联运单据，由铁路部门负责经过两国或两国以上的铁路全程运输。由一国铁路向另一国铁路移交货物时，不需要发货人和收货人参加。国内铁路运输指仅在本国范围内按《国内铁路货物运输规程》的规定办理的货物运输。

三、航空运输

航空运输是一种现代化的运输方式，它与海洋运输和铁路运输相比，具有运输速度快、货运质量高、不受地面条件的限制等优点。因此，它最适宜运送急需物资、鲜活商品、精密仪器和贵重物品。近年来，随着国际贸易的发展以及国际货物运输技术的不断现代化，采用空运方式也日益普遍。目前，我国的进出口业务中，进口采用空运的货物主要有电脑、成套设备中的精密部件、电子产品等；出口商品中主要有丝绸、纺织品、海产品、水果和蔬菜等。这些进出口商品根据不同需要，分为以下几种运送方式：(1) 班机运输，是指固定时间、固定航线、固定始发站和目的站的飞机运输，适用于运送急需货物、鲜活商品以及节令性商品；(2) 包机运输，是指包租整架飞机来运送货物；(3) 集中托运，航空货运公司把若干单独货运的货物组成一整批货物，用一份总运单整批发送到预定目的地，由航空货运公司在那里的代理人收货、报关、分拨后交给实际收货人。

四、公路、内河和邮包运输

公路运输是一种机动化的运输方式，具有灵活机动、速度快和方便的特点。尤其在“门到门”运输中，更离不开公路运输，但它也有不足之处，如载货量有限，运输成本高，容易造成货损事故等。

内河运输是连接内陆和沿海的纽带，中国的长江、珠江等主要河流的港口已经对外开放，中国还同邻国的一些河流相通连，这都是中国货物内河运输的有利条件。

邮包运输具有国际多式联运和“门到门”运输的性质，加之手续简便，费用也不高，故成为国际贸易中被普遍接受的运输方式之一。它适用于重量轻、体积小的货物，如精密仪器、药品、金银首饰、机器零部件等。

五、集装箱运输和国际多式联运

集装箱运输是一种以集装箱为运输单位进行货物运输的现代化的运输方式，它同传统货运方式相比，具有以下优点：

（1）提高了装卸效率，加快了船舶的周转速度。

（2）有利于提高运输质量，减少货损货差。

（3）节省各项费用，降低运货成本。

（4）简化货运手续，便利货物运输。

（5）把传统单一运输串联成连贯的成组运输，从而促进了国际多式联运的发展。

国际多式联运是在集装箱运输的基础上产生和发展起来的一种综合性的连贯运输的方式。它一般以集装箱为媒介，把海、陆、空各种单一的传统运输方式有机地结合起来，组成一种国际的连贯的运输。国际多式联运是实现“门到门”运输的有效方式，既简化了手续，减少了中间环节，又加快了货运速度，降低了运输成本，并提高了货运质量。

综上，在选择运输方式时，应综合考虑货物的特点、对运输方式的要求和各种运输方式的特点，并加以比较，作出最佳选择。

第二节　出口货运程序

一、海运托运程序

（1）编制船期表。外运公司按月编印出口船期表，分发给各外贸公司及工贸企业，内列航线、船名及其国籍、抵港日期、截止收单期、预计装船日期和挂港港口名称（即船舶停靠的港口）。各外贸公司及工贸企业据此进行催证、备货。

（2）办理托运。外贸公司在收到国外开来的信用证，审核（或经修改）无误后即可办理托运。按信用证或合同内有关装运条款填写《托运单》并提供全套单证，在截止收单期前送交外运公司，作为订舱的依据。

（3）领取装运凭证。外运公司收到有关单证后，即缮制海运出口托运单，并会同有关船公司商议安排船只和舱位；然后由船公司签发装货单，作为通知船方收货装运的凭证。

（4）装货、装船。外运公司根据船期，代各外贸公司从发货仓库提取货物，运进码头，然后，由码头理货公司理货，凭外轮公司签发的装货单装船。

（5）换取提单。货物装船完毕，由船长或大副签发“大副收据”或“场站收据”，载明收到货物的详细情况。托运人凭上述收据向有关船公司换取提单。

（6）发出装船通知。货物装船后，托运人即可向国外买方发出装船通知，以便对方准备付款、赎单、办理收货。如为CIF或FOB合同，由于保险由买方自行办理，及时发出装船通知尤为重要。

二、陆运托运程序

（1）编报车皮计划。各外贸公司及工贸企业每月向外运公司编报隔月车皮计划，注明去向，并据此进行催证、备货。

（2）办理托运。各外贸公司及工贸企业在收到国外开来的信用证，审核无误后，即可办理托运。按信用证或合同内有关装运款，以及货物名称、件数、装运日期，填写《托运单》并提供有关单证，送交外运公司，作为订车皮的依据。

（3）落实装运车皮。外运公司在收到《托运单》后，根据配载原则、货物性质、货运数量、到站等情况，结合车皮计划，与火车站联系，并由火车站据以向上级铁路分局申请车皮。

（4）提货、装车。外运公司根据装期，代各外贸公司从发货仓库提取货物并运至车站货场，车站凭货运单据将货装车。

（5）收取提单。货物装车完毕，由车站司磅员签发货运单，载明收到货物的详细情况。有条件就地封关的，可由海关监管加封，办妥转关手续。外运公司则凭运单签发承运货物收据，即陆运提单。

（6）发出装车通知。货物装车后，外贸公司或工贸企业即可向买方发出装车通知，以便买方准备付款、赎单，办理收货。

三、空运托运程序

（1）办理托运。各外贸公司及工贸企业在备齐货物、收到开来的信用证、审核（或经修改）无误后，即可办理托运。按信用证和合同内有关装运条款，以及货物名称、件数、装运日期、目的地等，填写《托运单》并提供有关单证，送交外运公司作为订航班的依据。

（2）安排货舱。外运公司收到托运单及有关单据后，会同航空公司，根据配载原则、货物性质、货运数量、目的地等情况，结合航班安排舱位，然后由航空公司签发航空运单。

（3）装货、装机。外运公司根据航班，代各外贸公司或工贸企业从仓库提取货物送进机场，凭装货单据将货物送到指定舱位待运。

（4）签发运单。货物装机完毕，由航空公司签发航空总运单，外运公司签发航空分运单。航空分运单有正本三份、副本十二份。正本三份，第一份交给发货人，第二份由外运公司留存，第三份随货交给收货人。副本十二份用作报关、财务结算、国外代理、中转分拨等用途。

（5）发出装运通知。货物装机后，即可向买方发出装运通知，以便对方准备付款、赎单、办理收货。

第三节　货运代理的合理选择

海上货物运输是国际运输的主要方式，国际贸易中约有90%的货物是以海上运输方式承运的。海上货物运输不但包括运输流程和一系列单证手续办理等内容，而且涉及与运输法律有关系的当事方，货运代理（简称货代）便是其中一方。就货代而言，重要的是能够辨别有关航运的各种手续，给货主提供良好的航运服务。作为货主，恰当选择了货运代理，意味着选择了熟知航运业务的恰当海运人和适合贸易合同的运输方式，从而能有效地履行贸易合同约定的法律义务，保护自己作为货主的权益。

一、货运代理须熟知海运地理方面的常识

首先，作为国际货运代理人，应熟知世界地理及航线、港口所处位置、转运地及内陆集散地。其次，货代还应了解国际贸易的模式及其发展趋势、货物的流向等。

二、货运代理应熟知不同类型运输方式对货物的适用性

世界航运市场上存在 4 种运输方式：班轮运输、租船运输、无船承运人运输和多式联运。班轮运输的特点是定时间、定航线、定港口顺序和定费率。租船运输即不定期运输，指不设固定的航线和时间表，按照航运市场供求关系，可以在任何航线上从事营运业务，运价可协商，适合于大宗散货承运。无船承运人是指从事定期营运的承运人，但并不拥有或经营海上运输所需的船舶。无船承运人相对于实际托运人是承运人身份，但相对于实际承运人又是托运人的身份。对于货主或托运人而言，选择恰当的运输方式，应主要考虑以下因素。

（1）运输服务的定期性。若货物需要以固定的间隔时间运输出去，则应选择挂靠固定港口、固定费率、严格按船期表航行的班轮。

（2）运输速度。当托运人为了满足某种货物在规定日期内运到的需求，会更加注重考虑运输速度的问题。

（3）运输费用。当运输时间和运输速度不是托运人或货主考虑的主要因素时，运价就成为最重要的考虑因素了。

（4）运输可靠性。选择货运所要托付的船公司前应考察其实力信誉，以减少因海事欺诈而成为受害者的可能性。

（5）经营状况和责任。

三、货运代理应了解不同类型的船舶对货主货物的适应性

作为货运代理人，必须了解船舶特征，如船舶登记国和吨位、总登记吨（GRT）、净登记吨（NRT）、散装窖、包装窖、总载重吨（DWT）、载重线、船级等方面的知识。较好的货运代理还应了解几种常见的货船类型，如班轮、半集装箱船、半托盘船、散货船、滚装船及全集装箱船等。

四、货运代理应熟知航运法规

货运代理除应了解《海牙规则》、《威斯比规则》、《汉堡规则》以外，还应适当了解货物出口地或目的港国家的海运法规、港口操作习惯等。

五、货运代理应熟知海上货物运输的单证

主要海运单证包括提单、海运单、舱单、发货单、提货单、装箱单、港站收据、大副收据等。货运代理应了解这些单证并确保其制作正确、清晰和及时。

六、货运代理应懂得海关手续和港口作业流程

在进出口贸易中，清关是货运代理的一项传统职能。对于货运代理的法律地位，各国的规定不尽相同。海关代理通常是由政府授权的。客户（即货主）应考虑货代作为海关代理的身份，考虑其在履行职责的过程中，是否具有保护客户的能力。货运代理具备到离港手续、保税贮存、内陆结关等的代理能力及港口程序的运作能力是非常重要的。此外，货运代理所能提供的较低运费率也是考虑的重要因素，对货运代理的考察，还应注意资信等其他一些因素。一流货运代理的运作，对货主完成贸易合同是十分重要的。

第四节　合理选择运输路线

一、海洋运输路线

（一）中国近洋航线

1. 港澳线

该航线到香港、澳门地区。

2. 新马线

该航线到新加坡、马来西亚的巴生（PORTKELANG）、槟城（PENANG）和马六甲（MALACEA）等港。

3. 暹罗湾线

该航线又可称为越南、柬埔寨、泰国线，到达越南海防、柬埔寨的磅逊和泰国的曼谷等港。

4. 科伦坡、孟加拉湾线

该航线到斯里兰卡的科伦坡和缅甸的仰光、孟加拉的吉大港和印度东海岸的加尔各答等港。

5. 菲律宾线

该航线到菲律宾的马尼拉港。

6. 印度尼西亚线

该航线到爪哇岛的雅加达、三宝垄等。

7. 澳大利亚新西兰线

该航线到澳大利亚的悉尼、墨尔本、布里斯班和新西兰的奥克兰、惠灵顿。

8. 巴布亚新几内亚线

该航线到巴布亚新几内亚的莱城、莫尔兹比等港。

9. 日本线

该航线到日本九州岛的门司和本州岛神户、大阪、名古屋、横滨和川崎等港口。

10. 韩国线

该航线到釜山、仁川等港口。

11. 波斯湾线

该航线又称阿拉伯湾线，到巴基斯坦的卡拉奇，伊朗的阿巴斯、霍拉姆沙赫尔，伊拉克的巴士拉，科威特的科威特港，沙特阿拉伯的达曼。

（二）中国远洋航线

1. 地中海线

该航线到地中海东部黎巴嫩的贝鲁特、的黎波里，以色列的海法、阿什杜德，叙利亚的拉塔基亚，地中海南部埃及的塞得港、亚历山大，突尼斯的突尼斯，阿尔及利亚的阿尔及尔、奥兰，地中海北部意大利的热那亚，法国的马赛，西班牙的巴塞罗那和塞浦路斯的利马索尔等港。

2. 西北欧线

该航线到比利时的安特卫普，荷兰的鹿特丹，德国的汉堡、不来梅，法国的勒弗尔，英国的伦敦、利物浦，丹麦的哥本哈根，挪威的奥斯陆，瑞典的斯德哥尔摩和哥德堡，芬兰的赫尔辛基等。

3. 美国、加拿大线

该航线包括加拿大西海岸港口温哥华，美国西岸港口西雅图、波特兰、旧金山、洛杉矶，加拿大东岸港口蒙特利尔、多伦多，美国东岸港口纽约、波士顿、费城、巴尔的摩、波特兰和美国墨西哥湾港口的莫比尔、新奥尔良、休斯敦等。

4. 南美洲西岸线

该航线到秘鲁的卡亚俄，智利的阿里卡、伊基克、瓦尔帕莱索、安托法加斯塔等港。

（三）太平洋航线

1. 远东——北美西海岸各港航线

该航线指从东南亚国家、中国、东北亚国家各港，沿大圆航线横渡北太平洋至美、加西海岸各港。该航线随季节也有波动，一般夏季偏北、冬季南移。本航线是二战后货运量增长最快、货运量最大的航线之一。

2. 远东——加勒比海、北美东海岸各港航线

该航线不仅横渡北太平洋，还越过巴拿马运河，因此一般偏南，横渡大洋的距离也较长。夏威夷群岛的火奴鲁鲁港是它们的航站，船舶在此添加燃料和补给品等。本航线也是太平洋货运量最大的航线之一。

3. 远东——南美西海岸各港航线

该航线与远东——加勒比海、北美东海岸各港航线相同的是都要横渡大洋、航线长，要经过太平洋中枢纽站；不同的是不经过巴拿马运河。该线也有先南行至南太平洋的枢纽港，后横渡南太平洋到达南美西岸的。

4. 远东——澳、新及西南太平洋岛国各港航线

该航线不需要横跨太平洋，而在西太平洋南北航行，离陆近，航线较短。

5. 东亚——东南亚各港航线

该航线由日本、韩国、朝鲜、俄国远东及中国各港西南行至东南亚各国港口。该航线短，但往来频繁，地区间贸易兴旺，且发展迅速。

6. 远东——北印度洋、地中海、西北欧航线

该航线大多经马六甲海峡往西，经苏伊士运河至地中海、西北欧。运输货物以制成品集装箱为主。

7. 东亚——东南非、西非、南美东海岸航线

该航线大多经东南亚过马六甲海峡西南行至东南非各港，或再过好望角去西非国家各港，或者横越南大西洋至南美东海岸国家各港。

8. 澳、新——北美西、东海岸航线

该航线由澳、新至北美西海岸各港，一般都经过苏瓦和火奴鲁鲁等太平洋航运枢纽，至北美东海岸各港及加勒比海国家各港，需经巴拿马运河。

9. 澳、新——南美西海岸国家各港航线

该航线需横越南太平洋。由于两岸国家和人口均少，故贸易量最少，航船不多。

10. 北美东、西海岸——南美西海岸航线

该航线都在南北美洲大陆近洋航行，由于南美西岸国家人口少、面积小，南北之间船舶往来较少。南、北美西海岸至北美东海岸各港要途经巴拿马运河。

（四）印度洋航线组

1. 中东海湾——远东各国港口航线

该航线东行都以石油为主，特别是往日本、韩国的石油运输；西行则以工业品、食

品为主。

2. 中东海湾——欧洲、北美东海岸港口航线

该航线的超级油轮都经莫桑比克海峡、好望角绕行。由于苏伊士运河的不断开拓，通过的油轮日益增多，目前，25万吨级满载轮已能安全通过该运河。

3. 远东——苏伊士运河航线

该航线连接远东与欧洲、地中海两大贸易区各港，航船密度大，集装箱船运输尤为繁忙。

4. 澳大利亚——苏伊士运河、中东海湾航线

该航线把澳大利亚、新西兰与西欧各国连接在一起，海湾的石油与澳、新的农牧产品通过此航线进行交换。

5. 南非——远东航线

该航线把巴西、南非的矿产输往日本、韩国、中国，也把工业品回流。

6. 南非——澳、新航线

该航线为南印度洋横渡航线，在印度洋中航船最少。

（五）大西洋航线

1. 西北欧——北美东岸各港航线

该航线连接北美和西北欧这两个经济发达的地区，航运贸易的历史悠久，船舶往来特别繁忙，客货运量大。

2. 西北欧——地中海、中东、远东、澳新各港航线

西北欧至地中海航线是欧洲西北部与欧洲南部国家之间的连接线，距离较短，但经过苏伊士运河至中东，远东，澳、新地区航线就大大增长。它是西北欧与亚太地区、中东海湾间最便捷的航线，货运量也大，是西北欧地区第二大航线。

3. 西北欧——加勒比海岸各港航线

该航线横渡北大西洋，过向风、莫纳海峡，有的还与过巴拿马运河的太平洋航线连接。

4. 欧洲——南美东海岸或非洲西海岸各港航线

该航线多经加纳利群岛或达喀尔港休息，是欧洲发达国家与南大西洋两岸发展中国家的贸易航线。欧洲国家输出的大多是工业品，输入的以初级产品为主。

5. 北美东岸——地中海、中东、亚太地区航线

该航线与西北欧——地中海、中东、远东航线相似，但航线更长，需横渡北大西洋。货物以石油、集装箱货为主。

6. 北美东海岸——加勒比海沿岸各国港口航线

该航线较短，但航船密度大，不仅有两地区各国港口间的往来船只，还有过巴拿马运河至远东、南北美西海岸国家港口间的船只。

7. 北美东海岸——南美东海岸港口航线

该航线是南、北美洲之间工业品与农矿产品对流航线。

8. 南、北美洲东岸——好望角航线

北美东海岸港口经好望角至中东海湾是巨型油轮的运输线，20万吨级以上油轮须经此，还有西北欧的巨型油轮也经此。南美洲东岸港口过好望角航线上的货物不仅有原油，还有铁矿石等初级产品。中国、日本、韩国等运输巴西的铁矿石经过此航线。

（六）北冰洋航线

北冰洋是联系欧、亚、北美三大洲的捷径，由于地理位置的特殊性，北冰洋已开辟

有从摩尔曼斯克经巴伦支海、喀拉海、拉普捷夫海、东西伯利亚海、楚科奇海、白令海峡至俄国远东港口的季节性航海线，以及从摩尔曼斯克直达斯瓦尔巴群岛、冰岛的雷克雅未克和英国的伦敦等航线。随着航海技术的进一步发展和北冰洋地区经济的开发，北冰洋航线也将会有更大的发展。

（七）著名远洋运输公司

著名的远洋运输公司包括中远（COSCO）、意邮（LT）、中海（CHINA SHIPPING）、韩进（HANJIN）、马士基（MAERSK）、以星（ZIM）、地中海（MSC）、达飞（VI）、铁行渣打（P&O）、川崎（KL）、万海（WHL）、日邮（NYK）、大阪三井（MOL）、威球船务（MISC）、阳明（YANGMING）、胜利（SEN）、东方海外（OOCL）、总统（APL）等。

二、航空运输路线

（一）世界上最繁忙的航空线

1. 西欧——北美间的北大西洋航空线

该航线主要连接巴黎、伦敦、法兰克福、纽约、芝加哥、蒙特利尔等航空枢纽。

2. 西欧——中东——远东航空线

该航线连接西欧各主要机场和中国香港、北京、东京等机场，并途经雅典、开罗、德黑兰、卡拉奇、新德里、曼谷、新加坡等重要航空站。

3. 远东——北美间的北太平洋航线

该航线是北京、香港、东京等机场经北太平洋上空至北美西海岸的温哥华、西雅图、旧金山、洛杉矶等机场的航空线，并可延伸至北美东海岸的机场。太平洋中部的火奴鲁鲁是该航线的主要中继加油站。

此外，还有北美——南美，西欧——南美，西欧——非洲，西欧——东南亚——澳、新，远东——澳、新，北美——澳、新等重要国际航空线。

（二）我国主要的国际贸易航空货运站

在我国，目前主要由北京、上海、天津、沈阳、大连、哈尔滨、青岛、广州、南宁、昆明和乌鲁木齐等地的机场接办国际航空货运任务。

三、陆路运输路线

（一）国际铁路货运线的分布

国际铁路运输线包括西伯利亚铁路、欧洲铁路网、北美横贯东西铁路线、西亚——欧洲铁路线等。

（二）我国通往邻国及地区的铁路线及国境口岸

（1）滨洲线：自哈尔滨起向西北至满洲里，全长935公里。

（2）滨绥线：自哈尔滨起，向东经绥芬河与独联体远东地区铁路相连接，全长548公里。

（3）集二线：从京包线的集宁站，向西北到二连，全长364公里。

（4）沈丹线：从沈阳到丹东。越过鸭绿江与朝鲜铁路相连，全长274公里。

（5）长图线：西起吉林长春，东至图们，横过图们江与朝鲜铁路相连接，全长527公里。

（6）梅集线：自梅河口至集安，全长245公里，越过鸭绿江直通朝鲜满浦车站。

（7）湘桂线：从湖南衡阳起，经广西柳州、南宁到达终点站凭祥，全长1 013公里。

(8) 昆河线：从云南昆明经碧色寨到河口，全长177公里。

(9) 北疆线：从新建乌鲁木齐向西到达终点站阿拉山口。

大陆对香港地区的铁路货运，首先由内地各车站装车运至深圳，然后经罗湖桥运往香港。深圳站是我国广九铁路中段的终点站，罗湖桥为深圳通往香港的铁路口岸。

第五节 各种方式的运输单据

运输单据是承运人收到承运货物后签发给出口商的证明文件，它是交接货物、索赔与理赔以及向银行结算货款或进行议付的重要单据。在国际货物运输中，运输单据的种类很多，其中包括海运提单、铁路运单、承运货物收据、航空运单和邮包收据等，现将主要运输单据简述如下。

一、海运提单

海运提单是船方或其代理人在收到其承运的货物时签发给托运人的货物收据，也是承运人与托运人之间的运输契约的证明。法律上它具有物权证书的效用。收货人在目的港提取货物时，必须提交正本提单。

二、铁路运单

铁路运输可分为国际铁路联运和国内铁路运输两种方式。前者使用国际铁路联运运单，后者使用国内铁路运单。对港、澳出口的货物，由于国内铁路运单不能作为对外结汇的凭证，故使用承运货物收据这种特定性质和格式的单据。

三、航空运单

航空运单是承运人与托运人之间签订的运输契约，也是承运人或其代理人签发的货物收据。航空运单还可作为核收运费的依据和海关查验放行的基本单据。但航空运单不能代替航空公司的提货通知单，在航空运单的收货人栏内，必须详细填写收货人的全称和地址，而不能做成指示性抬头。

四、邮包收据

邮包收据是邮包运输的主要单据，它既是邮局收到寄件人的邮包后所签发的凭证，也是收件人凭以提取邮件的凭证，当邮包发生损坏或丢失时，它还可以作为索赔和理赔的依据，但邮包收据不是物权凭证。

五、多式联运单据

多式联运单据是在多种运输情况下所使用的一种运输单据。

模拟实训题

1. 请在地图上查找并标出各国主要港口。

2. 请说明以下货物到达目的地（港）所经过的主要航线：呼和浩特至纽约，北京至俄罗斯，洛阳至阿姆斯特丹。

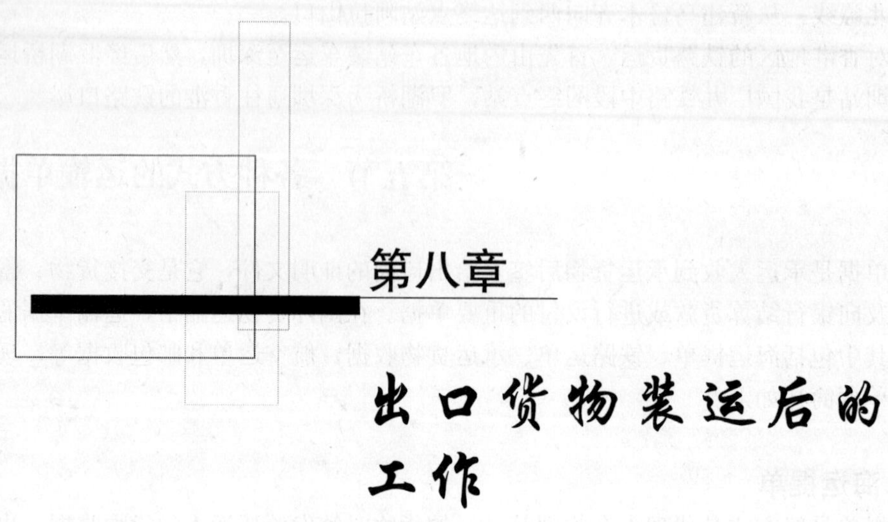

第八章 出口货物装运后的工作

［实训要点］

1. 缮制出口单据的程序和单据的基本做法
2. 各主要单据的制作

第一节 出口制单

现代国际贸易绝大部分采用凭单交货、凭单付款的方式。在出口贸易中，认真做好单据工作，对及时、安全收汇具有十分重要的意义。特别是在信用证业务中，开证行只凭信用证，凭单付款，对单据提出了更严格的要求。因此，单据在国际贸易中愈发显得重要。

制单是进出口人按信用证、合同和其他有关要求，根据货物的实际交易数量及运输情况，缮制各种单据的工作过程。

一、单证一致

单证一致，即要求信用证的条款必须在单据上得以体现，信用证的要求必须在单据上已经照办。

(1) 开证行开证后如果信用证条款没有修改，则应按信用证条款制单。其内容包括：

1) 同一商品品名，不同信用证会有不同的翻译方法，制单时须按信用证的规定填写。

2）对信用证规定的商品品名，制单时应全文照写，不应随意增加或删减字符（尤其是在制发票时，名称应严格相符）。

3）在包装规格上，不可随意折算改称。

4）卖方出具的各种单据的名称、份数、出证机关、特殊语句等均应与信用证条款规定一致。

（2）开证行开证后，若对信用证主要条款作了多次修改，须将原证规定与后来的修改作为制单的依据，特别是对于在原证描写基础上补充修改的情形，应仔细分辨有关条款的完整规定。

（3）制单时应注意来证中对单据与货物有无特殊的规定。

二、单单一致

单单一致，即各种单据必须相互一致，不能彼此矛盾。

（1）各种单据签发日期应保持合理，符合逻辑及国际惯例。

1）汇票是根据发票开立的，所以汇票日期应等于或晚于发票日期，不能先于提单日期，以符合先发货后收款的一般交易原则。

2）商业发票的日期一般可早于、等于或晚于提单日期，但必须在交单日期内。海关发票的签发日期不应迟于提单日期；形式发票日期应先于装运日期；领事发票的日期不得迟于汇票和提单日期，以满足其提出办理进口手续或出口报价的需要。

3）提单日期不得迟于信用证装运期，也不得早于规定的最早装运期。

4）保险单日期一般应早于或等于提单日期。

5）装箱单、重量单日期应等于或略迟于发票日期，但不得早于发票日期。

6）一般产地证日期不应迟于提单日期；普惠制产地证书号码和日期须按正式商业发票填写；签证当局签署日期和出口商签署日期不得早于发票日期。

7）为确定货物是经检验合格后才装船，商检证书日期不应晚于提单日期，但也不能过分早于提单日期。

8）出口许可证日期应早于或等于提单日期。

9）受益人证明或声明往往在装船后出具。因此，其日期应等于或晚于提单日期。

10）船公司证明（证实）船籍、船龄、航程的日期应早于或等于提单日期；运费收据日期也应早于或等于提单日期。

（2）出口单据的缮制一般以发票为基础展开。海关发票、产地证、投保单及相关需要的托运单、报关单等单证一般都是按发票内容缮制的。各单据的填制内容除提单用概括性的商品统称外，其他内容须在措词和用语方面保持一致。

三、单货一致

单货一致，即指单据上记载的内容应与实际货物内容一致。虽然信用证业务是单据业务，银行仅凭单据付款，而不管货物的实际交付情况，但信用证是依据买卖合同开立的，单货不一致，极易造成所交货物与合同不相符合，从而导致违约情况的发生。另一方面，单货不一致也会在报关、检验时遇到麻烦。

四、及时缮制单据

制单工作具有很强的时效性，包含两方面含义：

（1）各种单据的出单日期应及时、合理。每一种单据都有一个适当、合理的签发日期。例如，海运提单的签发日期通常就是装运日期，这个日期不能迟于信用证规定的装运期。而按国际惯例，保险单、检验检疫证书的签发日期不能晚于提单签发日期。采用FOB或CFR贸易术语成交，应在装船时或装船完毕后立即发送装运通知。

（2）全套单据的交单日期应及时。在信用证支付方式下，一般都规定有装运后限制交单议付日期，若未规定，须按《UCP600》的规定，最多不得迟于装运后21天交单。

五、出口单据工作程序

（1）核算。在制单前，须将单证中很多需要计算的数据，如货物的尺码、毛重、净重、发票的单价、总价、中间商的佣金等，逐项认真加以核算。

（2）备单。根据信用证要求把本批出口货物所需要的各种空白单据，按需要的份数逐一配妥备用，这样，既可以防止某一单据的漏制，又能提高制单工作效率。

（3）制单。完成上述工作以后，即可着手制单。制单一般可先从发票和装箱单开始，因为发票记载的内容比较全面，它是制作其他单证的基础。发票制妥后，就可以参照其内容缮制其他单证。

（4）审单。单据制妥后，要求制单人员自审一遍，如有差错立即更正，以保证能迅速有效地向银行交单。

六、单据的自审

（1）审单的目的：确保安全、及时收汇。

（2）审单的依据：在信用证方式下，审单的依据是信用证条款；在托收方式下，审单的依据是买卖合同。

（3）审单的要求。审单不是简单的文字核对，要从安全收汇和整个合同的全面履行出发。既要考虑单证本身的正确性，又要考虑单证更改过程中涉及的一系列具体问题。审单的基本要求有以下几点：

1）单据齐全。

2）各种单据份数符合合同和信用证要求，内容和签章完整。

3）各种单据的名称和内容与信用证内容相符。

4）各种单据之间内容相互一致。

5）各种单证的签发日期没有矛盾。

（4）审单的方法。外贸单位向银行交单前，为保证一次成功议付，应先行审单。审单时应将审单记录表、全套单据、信用证从右向左放置在案桌上，中间的单据按汇票、商业发票、保险单、提单从上至下依次排好。

为取得事半功倍的效果，审单时常采用纵横审计法，即先将信用证（包括修改条款）从头到尾阅读一遍，每涉及一种单据，立即与其核对，以达到单证一致（横审）。审完的单据反转放置在桌子中间未审单据前面，待全套单据审完，未被审完的单据即为多余的单据，予以剔除即可。横审完毕后，再以发票为中心，与其他单据挨个核对，此时要特别注意各单据签发日期的合理性及共有项目的一致性，确保“单单一致”（纵审）。审核过程中，每发现一个不符点，应立即记录在审单记录表上，并在记录文字后面写上“改”、“加”、“补”等字。待改妥单据后，在这些字上画圈表示不再有此不符点。当全部字画圈后，单据全部改妥相符，就可以交单议付了。

第二节　出口收汇核销

依外汇管理局规定，企业在出口时必须到外管局领取出口收汇核销单并填妥，报关时提供给海关，由海关盖章结关后交还报关公司，再转出口企业。出口企业收到外汇后，由银行提供标有核销单号码的，证明收汇金额的核销联。这时，出口企业才能办理核销以及退税手续。出口收汇核销管理即指国家职能部门对出口企业的出口货物实施跟单核销、逐笔管理的全过程。

一、出口收汇核销的办理

（一）开户

出口单位初次申领出口收汇核销单（以下简称核销单）前，应当凭以下材料到外汇局办理登记：

（1）单位介绍信、申请书。

（2）外经贸部门批准经营进出口业务批件正本及复印件。

（3）工商营业执照副本及复印件。

（4）企业法人代码证书及复印件。

（5）海关注册登记证明书复印件。

（6）出口合同复印件。

外汇局对上述材料审核无误后为出口单位办理登记手续。

（二）领单

出口单位在开展出口业务前，凭单位介绍信、出口核销员证（现为开户单位印鉴卡）来外汇局领取核销单。出口单位向外汇局申领核销单时，应当当场在每张核销单的“出口单位”栏内填写单位名称或者加盖单位名称章。核销单正式使用前须加盖单位公章。

核销单自领单之日起两个月以内报关有效。出口单位应当在失效之日起一个月内将未用的核销单退回外汇局注销。

出口单位填写的核销单应与出口货物报关单上记载的有关内容一致。

（三）报关

出口单位持在有效期内、加盖出口单位公章的核销单和相关单据办理报关手续。

（四）送交存根

出口单位办理报关后，应当自报关之日起 60 天内，凭核销单及海关出具的贴有防伪标签、加盖海关“验讫章”的出口报关单、外贸发票到外汇局办理送交存根手续。

（五）核销

出口单位应当在收到外汇之日起 30 天内凭核销单，银行出具的“出口收汇核销专用联”到外汇局办理出口收汇核销。

（六）核销单遗失及补办

出口单位遗失核销单后，应当在 15 天之内向外汇局书面说明情况（加盖公章，法人签字），申请挂失，外汇局核实后，统一登报声明作废。

（1）对于空白核销单，外汇局予以注销。

（2）对于已报关的核销单，凭有关出口凭证办理核销。

（3）对于要求补办出口退税专用联的，在办理出口核销手续后，出口单位应当凭税务部门签发的与该核销单对应的出口未退税证明，向外汇局书面申请，经批准后，外汇局出具“出口收汇核销单退税联补办证明”。

（七）报关单补办事宜

出口单位遗失报关单的，应当凭外汇局签发的未核销证明，向海关补办。

（八）退赔事宜

若出口项下发生退赔，出口单位应向外汇局提供有关凭证，外汇局按下列情况审核退赔外汇的真实性。

（1）已出口报关且已办理核销的，外汇局凭以下有效单据进行审核：

1）出口合同；

2）退赔协议及有关证明材料；

3）出口收汇核销单（退税专用联）；

4）外汇局要求的其他材料。

（2）已交单但未办理核销的，外汇局凭外汇指定银行结汇水单（或收账通知）及第一款所列单据进行审核。

（3）已报关出口未交单的，外汇局凭第一款及以下有效单据进行审核：

1）出口货物报关单；

2）商业发票；

3）汇票副本；

4）外汇指定银行结汇水单（或收账通知）。

（4）出口货物未报关但已预收全部或部分货款后因故终止执行合同，出口单位需向进口商支付退赔外汇，外汇局凭出口合同正本、终止执行合同证明、外汇指定银行结汇水单（或收账通知）、进口方付款通知进行审核。外汇局审核出口单位所提供的上述凭证无误后，出具“已冲减出口收汇核销证明”。银行凭此证明为出口单位办理退赔外汇的售付。

二、出口收汇核销业务操作

（一）出口核销业务流程

第一步：出口单位取得商务部或其授权单位批准的进出口经营权。

第二步：出口单位到海关办理“中国电子口岸”入网手续，并到有关部门办理“中国电子口岸”企业法人 IC 卡和“中国电子口岸”企业操作员 IC 卡电子认证手续。

第三步：出口单位持有关材料到注册所在地外汇局办理登记，外汇局审核无误后，为出口单位办理登记手续，建立出口单位电子档案信息。

第四步：出口单位网上申领出口收汇核销单。

第五步：出口单位凭操作员 IC 卡、核销员证、出口合同（首次申领时提供）到注册所在地外汇局申领纸质出口收汇核销单。

第六步：出口企业网上向报关地海关进行出口核销单报关前的备案。

第七步：出口单位出口报关。

第八步：出口单位可以在报关出口后通过“中国电子口岸出口收汇系统”将已用于出口报关的核销单向外汇局交单。

第九步：出口单位在银行办理出口收汇后，到外汇局办理出口收汇核销手续。

（二）出口单位向外汇局申请办理出口收汇核销登记时需提供的资料

（1）单位介绍信、申请书。

（2）《中华人民共和国进出口企业资格证书》或《中华人民共和国外商投资企业批准证书》或《中华人民共和国台港澳侨投资企业批准证书》正本及复印件。

（3）《企业法人营业执照》（副本）或《企业营业执照》（副本）及复印件。

（4）《中华人民共和国组织机构代码证》正本及复印件。

（5）海关注册登记证明书正本及复印件。

（三）特殊贸易方式出口办理出口收汇核销的手续

对于下列特殊贸易方式出口的，出口单位除提供出口收汇核销单、银行出具的出口收汇核销专用联、出口报关单外，还应当按照以下规定提供证明材料：

（1）以出境展销、展览商品方式出口的，应当提供展品复入境报关单。

（2）以来料加工、来件装配方式出口的，应当提供海关登记手册、企业合同及经贸委批件，按照工缴费执销。

（3）以实物补偿方式出口的，应当提供外经贸部门的批准件、相关合同、进口报关单。对超过合同规定的补偿款视同一般贸易办理核销。

（4）以易货方式出口的，应当提供易货合同及易进货物的进口报关单。

（5）以实物作为投资的出口，应当提供外经贸部门及外汇局的批准件。

（6）以进料加工方式出口的，一般应当全额收汇。外商投资企业不能全额收汇的，应当事先经外汇局批准。以收抵支的，应当提供合同、进口货物报关单、海关登记手册。

（7）境外承包工程项下所需机械设备、工具以及工程人员的办公、生活物品出口的，应当提供书面说明及劳务承包合同。

（四）出口收汇系统

出口收汇系统是“中国电子口岸”中企业专用的一个子系统。该系统利用现代信息技术，借助国家电信公网在公共数据中心建立出口收汇核销单的电子底账，使海关和税务部门实现出口报关和出口退税环节对核销单的联网数据核查。企业凭操作员 IC 卡通过本系统在网上向外汇局申请需领用的核销单份数，向出口报关地海关进行核销单报关前备案，待出口报关后可以进行网上交单，并可随时随地对核销单领取、使用等各项信息进行综合查询，从而使出口报关、收汇核销及退税业务更加方便快捷。

（五）出口收汇系统的身份认证

企业必须凭本企业操作员 IC 卡才能进入出口收汇系统，完成相关业务操作。系统根据 IC 卡信息进行操作员身份验证，对操作员处理的数据将自动进行电子签名、加密。

未申领 IC 卡的企业将无法开展相关的出口、收汇核销业务。

（六）出口收汇核销单的申领

企业在到外汇局领取新版纸质核销单之前，需上网向外汇局申请所需领用核销单份数。企业在网上申请后，不需等待外汇局的网上审批，即可凭本企业操作员 IC 卡到外汇局领取新版纸质核销单。外汇局根据企业网上申请的新版核销单份数以及本地出口收汇核销系统确认的企业可领单数量，向企业发放纸质新版核销单，同时将所发新版核销单电子底账数据联网存放到公共数据中心。出口单位在核销单正式使用前，应当加盖单位名称及组织机构代码条形章，在骑缝线处加盖单位公章。

（七）出口核销单的有效期限

空白新版核销单无须填写有效期，视同长期有效。全国海关将对新版纸质核销单进行电子底账数据联网核查。

（八）出口单位办理出口收汇核销报告的手续

出口单位出口货物后，应当在不迟于预计收汇日期起 30 天内，持核销报告表、核销单、报关单、核销专用联及其他规定的核销凭证集中或逐笔向外汇局进行出口收汇核销报告。实行自动核销的出口单位，除特殊情况外，无须向外汇局进行核销报告。即期收汇项下应当在货物报关出口后 180 天内收汇。对预计收汇日期超过报关日期 180 天以上（含 180 天）的，出口单位应当在货物出口报关后 60 天内凭远期备案书面申请、远期收汇出口合同或协议、核销单、报关单及其他相关材料向外汇局办理远期收汇备案并应在远期备案的收汇期限内收汇。

第三节　出口退税

一、出口退税的基本程序

出口产品退（免）税，简称出口退税，其基本含义是指对出口产品退还其在国内生产和流通环节实际缴纳的产品税、增值税、营业税和特别消费税。无论何种出口企业，其出口退税程序基本如下：出口退税登记——进口退税申请——出口退税审核——税款退付与退税清算。

出口企业办理出口退税应先办理出口登记，持出口经营权批件（复印件）和工商营业执照（副本），于批准日起 30 日内到当地主管退税业务的税务机关办理退税登记。出口企业将有关信息输入国税局的软件，在电子口岸网页上，将报关信息报送国税局，办理预申报。办理正式退税，应提供的单证如下：（1）采购出口货物的增值税专用发票（已认证的）；（2）盖有海关验讫章的《出口货物报关单》（出口退税联）；（3）已盖有核销章、办完核销手续的出口收汇核销单（出口退税专用）；（4）已输入外管软件的光盘（包括进货明细表、出货明细表、汇总申报表三张表）。国税局在完成有关工作后，另行通知出口企业退税款到达的时间。依法规定自出口 90 日内必须申报，逾期不予以申报退税，企业应把握时效。出口企业应于年度终了后三个月内进行上一年度出口退税的清算，在规定期限内向主官退税机关报送清算表及相关数据，由主管税务机关进行清查。

二、电子口岸中的出口退税业务流程

中国电子口岸出口退税子系统通过联网的方式，为税务、海关等有关部门和企业提供口岸业务综合服务。

国家税务总局系统接入中国电子口岸，从中国电子口岸直接取得出口退税所需的电子信息，这样可以进一步提高工作效率，为纳税人办理出口退税提供良好的外部数据环境。同时，企业可以通过本系统查询本企业的出口货物报关单数据，经选择后提交口岸数据中心，并由口岸数据中心提交税务机关的进出口税务管理部门，保证企业申报退税数据的及时性、正确性和规范性。

“出口退税系统”是中国电子口岸的一个子系统，企业办税员凭中国电子口岸出口退税操作员 IC 卡可通过互联网接入中国电子口岸，在网上向国税部门报送出口退税申报所需的出口货物报关单电子数据，并查询结关信息，还可通过该系统查询本企业出口

货物报关单的电子底账，用于同纸面单证比对确认。

新的出口退税业务流程如下：

(1) 出口货物实际离境并进行舱单核销后，海关内网将自动传送结关电子信息（即报关单号信息）至电子口岸数据中心外网，供企业查询。

(2) 企业通过中国电子口岸出口退税子系统查询结关信息。

(3) 企业根据电子结关信息可及时向申报地海关领取或打印纸质出口退税报关单证明联。

(4) 申报地海关在签发纸质出口退税报关单证明后，系统自动生成出口退税报关单电子数据，通过海关内网传送到电子口岸数据中心。

(5) 企业上网查询出口退税报关单电子底账，与领取的纸质出口退税报关单证明联进行比对，经确认后将电子数据报送至中国电子口岸公共数据中心。

(6) 中国电子口岸公共数据中心定时传送电子数据到国家税务总局。

(7) 由国家税务总局通过系统广域网，将电子数据清分下发给各地国税退税部门。

(8) 企业应按照税务机关的规定，持纸质出口退税报关单证明联等有效证明向各地国税局办理出口退税手续。

模拟实训题

1. 请参考第九章中信用证对单据的要求，模拟制单。
2. 通过上外汇管理局及国家税务局网站，熟悉网上核销与退税的流程。

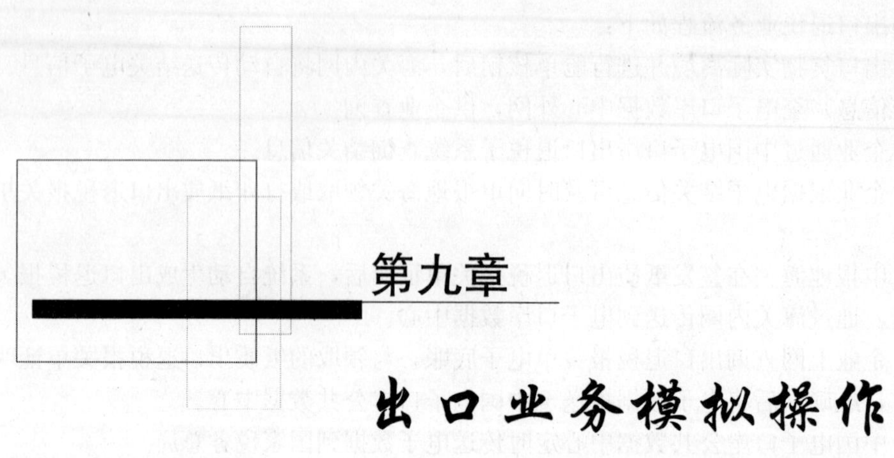

第九章 出口业务模拟操作

第一节 交易前的准备

一、模拟业务背景

2008 年 9 月 4 日，北京大有纺织品进出口公司（BEIJING DAYOU TEXTILES IMPORT & EXPORT CORP. 86，ZHUJIANG ROAD，HAIDIAN DISTRICT，BEIJING，CHINA）收到新加坡一新客户来函，表明其对该公司在网上发布的“三角”牌漂布感兴趣。

二、模拟训练任务

根据相关背景及资料，以纺织品进出口公司业务员身份，模拟完成以下内容：

（1）客户资信调查；

（2）与客户建立业务关系。

三、模拟训练资料

1. 客户资信调查

客户资信调查内容包括客户名称、地址等，调查结果如下。

（1）客户名称、地址：OVERSEAS TRADING CO. LTD.，100 JULAN SULTAN ＃01－20 SULTAN PLAZA SINGAPORE。

（2）客户电传、电话：666401070，666401074。

（3）客户开户银行及账号：中国银行新加坡分行（BANK OF CHINA，SINGAPORE），03040159。

2. 建立业务关系

商品信息及函件要求：

（1）商品信息（三角牌漂布基本情况）。

1）货名及货号：三角牌漂布、9801-1；

2）规格：坯布经纬纱－30 支×36 支，每英寸经纬密度 72×69，每匹幅阔 35/36 英寸，长 42 码；

3）包装：捆（布），每捆 20 匹，（体积：长 19 英寸×宽 17 英寸×高 23 英寸，毛重：71 公斤，净重：69 公斤）。

（2）函件要求。

函件中应有向客户寄送的样品及空白合同（带有一般交易条件），包含介绍三角牌漂布、要求客户确认等内容。

四、模拟训练项目

1. 资信调查申请书

资信调查申请书见示例 9—1。

示例 9—1

资信调查申请书

致：中国银行北京市分行　　　　日期．2008.09.06

兹委托贵行对下述对象作资信调查：　　　　编号：0101034

	联系人	王立金	电 话	12345678
调查对象	国外客户全称	OVERSEAS TRADING CO.，LTD.		
	地址	100 JULAN SULTAN ＃01－20 SULTAN PLAZA SINGAPORE		
	电传	666401070	电 话	666401074
	往来银行名称及账号	中国银行新加坡分行 BANK OF CHINA, SINGAPORE 03040159	电 传	
调查内容及目的		了解客商的资本、信誉及经营作风等情况。		
调 查 方 式		你行　Y 电询　函询	代理行　Y 电复　函复	
委托须知		（1）银行对调查结果的真实性不负任何责任。 （2）你行对调查过程中邮电、通信造成的延误、丢失以及代理行的延误或不回复概不负责。 （3）委托人同意支付银行有关费用（包括你行费用和国外行可能收取的外币费用）。 （4）委托人保证对调查内容保密，并保证对由此导致你行蒙受的一切损失负全部责任。		
委托单位	全称及地址	北京大有纺织品进出口公司（BEIJING DAYOU TEXTILES IMPORT & EXPORT CORP. 86，ZHUJIANG ROAD，HAIDIAN DISTRICT，BEIJING，CHINA）		
	开户行及账号	中国银行北京市分行	10510120190356	
银行审核意见		经办　日期	委托单位签章 负责人：张力将　日期　20080906	

2. 公司信签

公司信签具体内容见示例 9—2。

示例 9—2

北京大有纺织品进出口公司

BEIJING DAYOU TEXTILES IMPORT & EXPORT CORP.
86，ZHUJIANG ROAD，HAIDIAN DISTRICT，BEIJING，CHINA

OVERSEAS TRADING CO. LTD.，

100 JULAN SULTAN ＃01－20 SULTAN PLAZA

SINGAPORE

SEP. 14，2008

DEAR SIRS,

WE ARE PLEASED TO LEARN THAT YOU ARE INTERESTED IN OUR TRIANGLE BRAND BLEACHED SHIRTING.

BEIJING DAYOU TEXTILES IMPORT & EXPORT CORP. IS A STATE-OWNED ENTERPRISE DEALING IN BOTH THE IMPORT AND EXPORT OF GREAT VARIETIES OF TEXTILES.

TRIANGLE BRAND BLEACHED SHIRTING IS ONE OF OUR BEST SELLING PRODUCTS. IT IS FINE WEAVED，STAND WASH，PACKED IN BALES OF 20 PIECES EACH WHICH IS OF 71KGS IN GROSS AND 69 KGS IN NET AND 19'×17'×23' IN MEASUREMENT. TO MAKE BUSINESS EASILY CONDUCTED，WE ENCLOSE ONE COPY OF OUR BLANKED SALES CONTRACT WITH GENERAL TERMS AND CONDITIONS ON THE REVERSE AND ONE PIECE OF OUR SAMPLE CUTTINGS FOR YOUR REFERENCE. PLEASE CHECK AND CONFIRM IF IT IS ACCEPTABLE.

LOOKING FORWARD TO ENTERINR INTO BUSINESS RELATIONS
WITH YOU AND AWAITING YOUR FAVOURABLE REPLY.

YOURS FAITHFULLY，

BEIJING DAYOU TEXTILES IMPORT & EXPORT CORP.

第二节　交易磋商与合同的签订

一、模拟业务背景

我们继续上一节的实训内容，新加坡客户接到我方去函后，确认了我方样品及交易一般条件，于 9 月 10 日来函，要求我方报价。经谈判，我方与新客户达成初笔漂布买卖交易。

二、模拟训练任务

根据所给条件及要求，模拟双方谈判及签约过程。

(1) 根据客户 9 月 10 日来函，向客户发盘（报价）；

（2）回复客户还盘；

（3）对客户还盘进行再还盘；

（4）根据双方往来函电缮制出口销售确认书；

（5）寄送合同，要求客户会签和准时开证。

三、模拟训练资料

1. 发盘

（1）客户 9 月 10 日来函。

SAMPLES AND GENERAL TERMS AND CONDITIONS CONFIRMED. PLEASE OFFER FIRM 9801－1 4,200 YARDS.

（2）报价要求。

1）报价数量：4 200 码；

2）报价价格：CIF 新加坡每码 1.48 美元；

3）装运期：2008 年 11 月；

4）支付方式：不可撤销即期信用证；

5）报价日期：2008 年 9 月 12 日。

2. 还盘

（1）9 月 14 日客户还盘。

YOURS 12TH 8，400 YARDS SHIPMENT NOVEMBER US DOLLARS 1.2 CIFC3 D/P SIGHT PLEASE REPLY SIXTEENTH

（2）还盘要求。

根据还盘情况，自行合理确定。

3. 再还盘

（1）客户 9 月 17 日还盘。

YOURS 16TH OTHER SOURCES SIMILAR QUALITY QUOTING 1.25 COMPETITION KEEN HENCE BEST 1.30 6，720 YARDS CREDIT 60 DAYS SIGHT

（2）再还盘要求。

考虑竞争，特别是初次交易，同意将每码价格降低 0.12 美元，见票 30 天信用证付款，限 19 日前复。

四、模拟训练项目

1. 发盘函

发盘函具体内容见示例 9—3。

示例 9—3

北京大有纺织品进出口公司

BEIJING DAYOU TEXTILES IMPORT & EXPORT CORP.

86，ZHUJIANG ROAD，HAIDIAN DISTRICT，BEIJING，CHINA

OVERSEAS TRADING CO.，LTD.

100 JULAN SULTAN
#01－20 SULTAN PLAZA SINGAPORE

SEP. 12，2008

DEAR SIRS,
THANK YOU FOR YOUR E-MAIL SEP 10. AS REQUESTED，WE OFFER FIRM SUBJECT TO YOUR REPLY HERE SEP 15，9801－1　4，200YARDS CLOTH BALES USD 1.48 PER YARD CIF SINGAPORE SHIPMENT NOVEMBER 2008，IRREVOCABLE SIGHT CREDIT.
AWAITING YOUR EARLY REPLY. BEST REGARDS.
YOURS FAITHFULLY,
BEIJING DAYOU TEXTILES IMPORT & EXPORT CORP.

2. 还盘函

还盘函具体见示例 9—4。

示例 9—4

北京大有纺织品进出口公司

BEIJING DAYOU TEXTILES IMPORT & EXPORT CORP.
86，ZHUJIANG ROAD，HAIDIAN DISTRICT，BEIJING，CHINA

OVERSEAS TRADING CO. LTD.，
100 JULAN SULTAN
#01－20 SULTAN PLAZA SINGAPORE

SEP. 15，2008

DEAR SIRS,
THANK YOU FOR YOUR E-MAIL SEP 14TH. ORDERS NOW ARE COMPARATIVELY CONGESTED. THUS WE CAN ONLY SUPPLY 6，720 YARDS DEC. OR 8，400YARDS NEXT JAN. AT USD1.48 PER YARD. PLEASE REPLY HERE 18TH.
YOURS TRULY,
BEIJING DAYOU TEXTILES IMPORT & EXPORT CORP.

＊（从客户来函看，我方报价对客户已有吸引力，故做上述答复）

3. 再还盘函

再还盘函具体见示例 9—5。

示例 9—5

北京大有纺织品进出口公司

BEIJING DAYOU TEXTILES IMPORT & EXPORT CORP.
86，ZHUJIANG ROAD，HAIDAIN DISTRICT，BEIJING，CHINA

OVERSEAS TRADING CO.，LTD.
100 JULAN SULTAN
#01－20 SULTAN PLAZA SINGAPORE

SEP. 18，2008

DEAR SIRS,
THANK YOU FOR YOUR E-MAIL OF SEP. 16TH. IN VIEW OF INITIAL TRANSACTION，WE AGREE TO GIVE YOU A SPECIAL ALLOWANCE OF USD0.12 AND PAYMENT BY 30 DAYS AFTER SIGHT CREDIT. THIS IS THE BEST WE CAN OFFER. PLEASE REPLY HERE BEFORE SEP 19TH.
SINCERELY YOURS,
BEIJING DAYOU TEXTILES IMPORT & EXPORT CORP.

4. 销售确认书

销售确认书具体内容见示例 9—6。

示例 9—6

北京大有纺织品进出口公司
BEIJING DAYOU TEXTILES IMPORT & EXPORT CORP.
86，ZHUJIANG ROAD，HAIDIAN DISTRICT，BEIJING，CHINA

销 售 确 认 书
SALES CONFIRMATION　　合同号　NO. SC009762
正 本
ORIGINAL　　日期 DATE：SEP. 21，2008

买方
Buyer：OVERSEAS TRADING CO.，LTD.
地址
Address：100 JULAN SULTAN ＃01－20 SULTAN PLAZA SINGAPORE
电话　　传真
Tel：　　Fax：
兹经买卖双方同意成交下列商品订立条款如下：
The undersigned Sellers and Buyers have agreed to close the following transaction according to the terms and conditions stipulated below：

货物名称及规格 NAME OF COMMODITY AND SPECIFICATION	数量 QUANTITY	单价 UNIT PRICE	金额 AMOUNT
SPRING FLOWER (BRAND) BLEACHED SHIRTING 30SX36S 72X69 35/36" X42 YARDS	6,720YARDS	USD1.36/YARD CIF SINGAPORE	USD 9,139.20

总值
TOTAL VALUE：US DOLLARS NINE THOUSAND ONE HUNDRED THIRTY-NINE 20%ONLY
装运
SHIPMENT：NOV.，2008 FROM BEIJING TO SINGAPORE WITH PARTIAL SHIPMENT ALLOWED，TRANSSHIPMENT NOT ALLOWED
付款条件
PAYMENT：BY IRREVOCABLE CREDIT AT 30 DAYS AFTER SIGHT（THE L/C MUST REACH THE SELLER 15 DAYS BEFORE THE TIME OF SHIPMENT）

包装

PACKING：PACKED IN BALES OF 20 PCS EACH

唛头

MARKS & NOS.：AT SELLER'S OPTION

保险

INSURANCE：TO BE COVERED BY THE SELLERS AGAINST ALL RISKS AND WAR RISK

买方	卖方
THE BUYER：	THE SELLER：
OVERSEAS TRADING CO. LTD.	BEIJING DAYOU TEXTILES IMPORT & EXPORT CORP.

5. 寄约函

寄约函具体内容见示例 9—7。

示例 9—7

北京大有纺织品进出口公司

BEIJING DAYOU TEXTILES IMPORT & EXPORT CORP.

86，ZHUJIANG ROAD，HAIDIAN DISTRICT，BEIJING，CHINA

OVERSEAS TRADING CO. LTD.，
100 JULAN SULTAN
#01—20 SULTAN PLAZA SINGAPORE

SEP 22，2008

DEAR SIRS，

WE FEEL MUCH PLEASED TO CONCLUDE 6，300 YARDS OF SPRING FLOWER BRAND BLEACHED SHIRTING. ENCLOSED PLEASE FIND TWO COPIES OF SALES CONTRACT. PLEASE SIGN AND RETURN ONE COPY FOR OUR FILE ENABLING US TO SHIP THE GOODS ON TIME, PLEASE DON'T FORGET TO OPEN THE L/C 15 DAYS BEFORE THE TIME OF SHIPMENT. AWAITING YOUR L/C AND YOUR NEXT ORDER.

THANKS AND BEST REGARDS.

YOURS TRULY，

BEIJING DAYOU TEXTILES IMPORT & EXPORT CORP.

第三节 信用证的落实

一、模拟业务背景

我们继续上一节的实训内容，新加坡客户很快会签寄回我方缮制的销售确认书并按时开来信用证。

二、模拟训练任务

根据所给资料及要求，以大有纺织品进出口公司业务员身份，模拟完成信用证的落

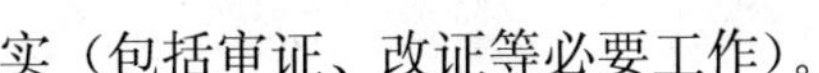

实（包括审证、改证等必要工作）。

三、模拟训练项目审证

1. 国外来证

国外来证具体内容见示例 9—8。

示例 9—8

BANK OF CHINA SINGAPORE　　　　SINGAPORE，11 OCTOBER，2008

IRREVOCABLE LETTER OF CREDIT　　NO. 104975 FOR US $ 9，139.20

TO：BEIJING DAYOU TEXTILES IMPORT & EXPORT CORP.

86，ZHUJIANG ROAD，HAIDIAN DISTRICT，

BEIJING，CHINA

WE BEG TO INFORM YOU THAT WE HAVE ESTABLISHED OUR IRREVOCABLE LETTER OF CREDIT IN YOUR FAVOUR，FOR ACCOUNT OF OVERSEAS TRADING CO. LTD.，100 JULAN SULTAN #01－20 SULTAN PLAZA SINGAPORE FOR A SUM OR SUMS NOT EXCEEDING A TOTAL OF UNITED STATES DOLLARS NINE THOUSAND ONE HUNDRED AND THIRTY-NINE 20% AND AVAILABLE BY YOUR DRAFTS ON US AT 30 DAYS AFTER SIGHT FOR 100% OF THE INVOICE VALUE，ACCOMPANIED BY THE FOLLOWING DOCUMENTS，

(1) SIGNED INVOICES (COMBINED FORM ACCEPTABLE)

(2) CERTIFICATE OF ORIGIN

(3) WEIGHT/PACKING LIST

(4) FULL SET CLEAN SHIPPED ON BOARD BILLS OF LADING MARKED FREIGHT PREPAID MADE OUT TO ORDER OF SHIPPER AND ENDORSED IN BLANK，NOTIFYING BUYER，

(5) INSURANCE POLICY / CERTIFICATE COVERING ALL RISKS AND WAR RISK FOR 110% OF INVOICE VALUES AS PER CIC WITH CLAIMS PAYABLE IN SINGAPORE.

EVIDENCING SHIPMENT OF：

6，300 YARD OF BLEACHED SHIRTING TO BE PACKED IN BALES AS PER SC300762 GIF SINGAPORE.

FROM TIANJIN TO SINGAPORE NOT LATER THAN 20 NOVEMBER，2008.

PARTIAL SHIPMENTS ARE ALLOWED TRANSSHIPMENT IS NOT ALLOWED.

THIS CREDIT IS VALID FOR PAYMENT / NEGOTIATION IN CHINA UNTIL 5TH DECEMBER 2008

OTHER INSTRUCTIONS：

5% MORE OR LESS IN VALUE AND QUANTITY ACCEPTABLE.

SHIPPER MUST CABLE ADVISE BUYER SHIPMENT PARTICULARS IN BRIEF IMMEDIATELY AFTER SHIPMENT，

ONE COPY OF SIGNED INVOICES AND NON-NEGOTIABLE B/L TO BE AIRMAILED IN ADVANCE TO BUYER.

ALL DRAFTS DRAWN UNDER THIS CREDIT MUST CONTAIN THE CLAUSE "DRAWN UNDER BANK OF CHINA，SINGAPORE CREDIT NO. 104975 DATED 22 OCTOBER，1999，" THIS CREDIT IS ISSUED SUBJECT TO UNIFORM CUSTOMS & PRACTICE FOR COMMERCIAL DOCUMENTARY CREDITS PUBLICATION NO. 500 (1993 REVISION).

WE HEREBY UNDERTAKE TO HONOR ALL DRAFTS DRAWN IN ACCORDANCE WITH THE TERMS OF THIS CREDIT. ONE COMPLETE SET OF DOCUMENTS IS TO BE SENT BY AIRMAIL TO US IN ONE LOT. UPON YOUR RECEIPT OF DOCUMENTS IN CONFORMITY WITH THE TERMS & CONDITIONS OF THE CREDIT，YOU MAY REIMBURSE YOURSELVES BY T/T THROUGH US BY CREDITING OUR HEAD OFFICE'S US DOLLARS ACCOUNT WITH US.

2. 出口销售确认书

出口销售确认书见示例 9—9。

示例 9—9

北京大有纺织品进出口公司

BEIJING DAYOU TEXTILES IMPORT & EXPORT CORP.

86，ZHUJIANG ROAD，HAIDIAN DISTRICT，BEIJING，CHINA

销 售 确 认 书

SALES CONFIRMATION　　　合同号　NO. SC009762

正 本

ORIGINAL　　　日期 DATE：SEP. 21，2008

买方

Buyer：OVERSEAS TRADING CO. LTD.，

地址

Address：100 JULAN SULTAN ＃01－20 SULTAN PLAZA SINGAPORE

电话　　　传真

Tel：　　　Fax：

兹经买卖双方同意成交下列商品订立条款如下：

The undersigned Sellers and Buyers have agreed to close the following transaction according to the terms and conditions stipulated below：

货物名称及规格 NAME OF COMMODITY AND SPECIFICATION	数量 QUANTITY	单价 UNIT PRICE	金额 AMOUNT
SPRING FLOWER (BRAND) BLEACHED SHIRTING 30SX36S 72X69 35/36" X42 YARDS	6,720YARDS	USD1.36/YARD CIF SINGAPORE	USD 9,139.20

总值

TOTAL VALUE：US DOLLARS NINE THOUSAND ONE HUNDRED THIRTY-NINE 20% ONLY

装运

SHIPMENT：NOV.，2008 FROM TIANJIN TO SINGAPORE WITH PARTIAL SHIPMENT ALLOWED，TRANSSHIPMENT NOT ALLOWED

付款条件

PAYMENT：BY IRREVOCABLE CREDIT AT 30 DAYS AFTER SIGHT (THE L/C MUST REACH THE SELLER 15 DAYS BEFORE THE TIME OF SHIPMENT)

包装

PACKING：PACKED IN BALES OF 20 PCS EACH

唛头

MARKS & NOS.：AT SELLER'S OPTION

保险

INSURANCE：TO BE COVERED BY THE SELLERS AGAINST ALL RISKS AND WAR RISK

买方　　　卖方

THE BUYER：　　　THE SELLER：

OVERSEAS TRADING CO. LTD.　　　BEIJING DAYOU TEXTILES IMPORT & EXPORT CORP.

3. 审证记录

审证记录具体内容见示例 9—10。

示例 9—10

信用证审核记录

<table>
<tr><td>证　号</td><td>104975</td><td>合同号</td><td>SC300762</td><td>订单号</td><td></td></tr>
<tr><td>开证行</td><td colspan="5">BANK OF CHINA，SINGAPORE</td></tr>
<tr><td>开证申请人</td><td colspan="5">OVERSEAS TRADING CO. LTD.，100 JULAN SULTAN ＃01－20 SULTAN PLAZA，SINGAPORE</td></tr>
<tr><td>货物名称</td><td>BLEACHED SHIRTING</td><td>数　量</td><td>6，300 YARD</td><td>金　额</td><td>US ＄ 9，139.20</td></tr>
<tr><td>价格条件</td><td>CIF SINGAPORE</td><td>装　期</td><td>20，NOV. 2008</td><td>效　期</td><td>5，DEC. 2008</td></tr>
<tr><td colspan="3">存在问题及处理意见
装运期与合同规定日期不符（2008 年 11 月）；货物 10 月底即可备妥，可不修改信用证。
经办人：王大江
2008 年 10 月 16 日</td><td colspan="3">修改记录
经办人：
年　月　日</td></tr>
<tr><td colspan="3">注意事项
经办人：
年　月　日</td><td colspan="3">议付情况
经办人：
年　月　日</td></tr>
</table>

第四节　备货

一、模拟业务背景

我们继续上一节的实训内容，新加坡客户很快签寄回我方缮制的销售确认书并按时开来信用证，我方需根据要求备货。

二、模拟训练任务

根据所给资料及要求，以大有纺织品进出口公司业务员身份，模拟完成出口合同下的备货任务（包括收购货源、办理货物检验及产地证手续）。

三、模拟训练资料

1. 货源收购

（1）合同供方：天津纺织十五厂；

（2）签约时间：2008 年 9 月 29 日；

（3）合同号码：100034；

（4）购销价格：每码 7.65 元；
（5）交货期：2008 年 10 月底以前；
（6）其他：自拟。
2. 商检
（1）申请日期：2008 年 11 月 5 日；
（2）联系人、电话：李一，8848 9978；
（3）报验号：000349678；
（4）商品名称编码：1376.0001。
3. 产地证
（1）申请单位注册号：1003607637；
（2）证书号：12340071320；
（3）发票号：DK1073－476；
（4）发票日期：2008 年 11 月 6 日；
（5）发票（FOB）总值：USD8，914.00；
（6）拟出运日期：2008 年 11 月 17 日；
（7）申请日期：2008 年 11 月 6 日。

四、模拟训练项目

1. 购销合同

购销合同具体内容是示例 9—11。

示例 9—11

北京大有纺织品进出口公司

购 销 合 同

合同编号 100034
签订日期 2008 年9 月29 日　　签订地点 北京
需方 北京大有纺织品进出口公司　　电报　　电话
供方 天津纺织十五厂　　电报　　电话

品名	规格	商标	单位	数量	单价	金额
漂布	9801-1	三角	码	6 720	7.65	51 408.00
合计				6 720	完税价格	51 408.00
		合计金额		伍万壹千肆百零捌元整		

经双方协商，遵照中华人民共和国合同法，签订本合同并严格履行合同规定。
（一）交货期限 2008 年 10 月底以前
（二）质量标准 经纬纱 30 支×36 支，每英寸经纬密度 72×69，每匹幅阔 35/36 英寸，长 42 码
（三）包装要求及费用负担 布包（捆），每捆 20 匹，（19"×17"×23"），费用供方负担
（四）交货方式及运杂费 汽车运输，费用由供方负担
（五）到站交货地点 志诚路 186 号北京大有纺织品进出口公司仓库
（六）溢短装：数量和金额允许 1 %上下幅度。
（七）交货时验收方法 供方自检，需方自检，商检符合合同
（八）结算方式 凭发票、仓库收据结算
（九）违约罚则
（十）一般条款：
（1）本合同为供需双方执行货物购销的主要依据，双方应严格遵守执行。
（2）供方必须按合同规定的规格、质量、等级包装、交期等要求进行交货，并负责检验，不合格产品不能顶数交货。否则，如遇到国外或国内客商索赔，一切损失概由供货单位负责。

（3）供需双方如有一方违约，按合同金额罚款1%以补偿另一方经济损失。

（4）交货时必须在发票上注明本购销合同号码。

（5）中途修改合同条款须经双方协商签章，始能生效。

（十一）附加或特殊条款：一切质量问题由供方负责，供方向需方提供增值税发票及缴款书

本合同另附件 1 张

本合同一式 两 份双方各执正本一份，均有同等效力。各上级主管部门、鉴证机关各存副本一份。

有效期自 2008 年 9 月 30 日起至 2008 年 12 月 31 日止。

需方盖章	供方盖章	鉴证机关
代表人签字　张小巧 开户银行　商业银行兴北支行 账　　号　1234567890 单　　位　北京大有纺织品进出口公司 地　　址	代表人签字　胡一统 开户银行　工商银行河东支行 账　　号　7654321007 单　　位　天津纺织十五厂 地　　址	编号　　字　号 （公　章） 年　月　日

2. 出口商品检验申请单

出口商品检验申请单具体内容见示例 9—12。

示例 9—12

出口商品检验申请单

中华人民共和国北京进出口商品检验局：　　　　报验单位盖章

兹有下列商品申请检验，请照章办理。　　　　日期：2008年11月5日

联系人：李一芳　　　　电话：2674 5678　　　　报验号：

发货人（中文）	北京大有纺织品进出口公司			
（英文）	BEIJING DAYOU TEXTILES IMPORT & EXPORT CORP.			
收货人（英文）	OVERSEAS TRADING CO. LTD.,			
商品名称（中文）	三角牌漂布			
（英文）	SPRING FLOWER BLEACHED SHIRTING			
报验重量（毛/净）	568.0KGS/552.0KGS		商品编码	1376.0001
报验数量	6 720 码		合同/发票总值	USD9，139.20
包装情况	布（包）捆，良好		输往国别地区	新加坡
贸易方式	正常贸易 √ ｜ 三来一补 ｜ 其他贸易方式		卫生注册证号 质量/许可证号	
报验人提供附件	合同号 SC300762	信用证号 104975	换证凭单	存货地点 天津
需要商检证单	文种	合同信用证对商检条款的特殊要求	标记及号码	

<table>
<tr><td>品质证</td><td></td><td rowspan="11" colspan="4"></td><td rowspan="11" colspan="3">O. T. C.
SC300762
SINGAPORE
NO. 1－8</td></tr>
<tr><td>数量证</td><td></td></tr>
<tr><td>重量证</td><td></td></tr>
<tr><td>产地证</td><td></td></tr>
<tr><td>兽医证</td><td></td></tr>
<tr><td>卫生证</td><td></td></tr>
<tr><td>健康证</td><td></td></tr>
<tr><td>消毒证</td><td></td></tr>
<tr><td>分析证</td><td></td></tr>
<tr><td>黄曲霉证</td><td></td></tr>
<tr><td>放行单</td><td>√</td></tr>
<tr><td colspan="8">出口商品检验签证工作流程表</td><td>领证人签收</td></tr>
<tr><td rowspan="2">项　目</td><td rowspan="2">经办人</td><td colspan="2">时间</td><td rowspan="2">项　目</td><td rowspan="2">经办人</td><td colspan="2">时间</td><td rowspan="6">

年　月　日</td></tr>
<tr><td>月</td><td>日</td><td>月</td><td>日</td></tr>
<tr><td>1. 接受报验</td><td></td><td></td><td></td><td>5. 复审</td><td></td><td></td><td></td></tr>
<tr><td>2. 检验处收单</td><td></td><td></td><td></td><td>6. 制证</td><td></td><td></td><td></td></tr>
<tr><td>3. 检务处收单</td><td></td><td></td><td></td><td>7. 翻译</td><td></td><td></td><td></td></tr>
<tr><td>4. 审核</td><td></td><td></td><td></td><td>8. 发证</td><td></td><td></td><td></td></tr>
</table>

领取证书凭单　　申请日期　　年　月　日

申请单位		申请号	
品　　名		商检签收	

报验须知

（1）报验人须持“报验员证”按规定时间最迟于报关或装运出口前十天报验。

（2）报验人须按要求填写申请单各项内容，文字准确、字迹清楚、不得随意涂改。

（3）报验人须凭“领取证书凭单”领取证书，未尽事宜详见进出口商品报验规定。

3. 原产地证明书

原产地证明书具体内容见示例9—13。

示例9—13

<table>
<tr><td>1. Exporter (full name and address)
BEIJING DAYOU TEXTILES IMPORT & EXPORT CORP.
86, ZHUJIANG ROAD, HAIDIAN DISTRICT, BEIJING, CHINA</td><td rowspan="2">CERTIFICATE No.

CERTIFICATE OF ORIGIN
OF
THE PEOPLE'S REPUBLIC OF CHINA</td></tr>
<tr><td>2. Consignee (full name and address)
OVERSEAS TRADING CO. LTD.,
100 JULAN SULTAN #01－20 SULTAN PLAZA SINGAPORE</td></tr>
</table>

<table>
<tr><td colspan="2">3. Means of transport and route
BY SEA
FROM TIANJIN TO SINGAPORE</td><td colspan="3" rowspan="2">5 For certifying authority use only</td></tr>
<tr><td colspan="2">4. Destination port
SINGAPORE</td></tr>
<tr><td>6. Marks and numbers of packages

O. T. C.
SC300762
SINGAPORE
NO. 1－8</td><td>7. Description of goods; Number and kind of packages;

8 BALES (6，720 YARDS) OF BLEACHED SHIRTING
****
****
***</td><td>8. HS CODE

1376.0001</td><td>9. Quantity or weight

568.00KGS</td><td>10. Number and date of invoices

DK1073－476
NOV. 6，2008</td></tr>
<tr><td colspan="2">11. Declaration by the exporter

The undersigned hereby declares that the above details and statements are correct; that all the goods were produced in China and that they comply with the Rules of Origin of the People's Republic of China

BEIJING，NOV. 9，2008</td><td colspan="3">12. Certification

It is hereby certified that the declaration by the exporter is correct

BEIJING，NOV. 9，2008
Place and date，signature and stamp of certifying authority</td></tr>
</table>

Place and date，signature and stamp of authorized signatory

4. 原产地证明书申请书

原产地证明书申请书具体内容见示例 9—14。

示例 9—14

一般原产地证明书/加工装配证明书

申请书

申请单位注册号：**12340071320** 证书号：**1003607637**

申请人郑重声明：

本人被正式授权代表本企业办理和签署本申请书。

本申请书及一般原产地证明书、加工装配证明书所列内容正确无误，如发现弄虚作假，冒充证书所列货物，擅改证书，自愿接受签证机关的处罚并负法律责任，现将有关情况申报如下：

<table>
<tr><td>企业名称</td><td colspan="3">北京大有纺织品进出口公司</td><td>发票号</td><td colspan="2">DK1073－476</td></tr>
<tr><td>商品名称</td><td colspan="3">三角牌漂布</td><td>HS 编码</td><td colspan="2">1376.0001</td></tr>
<tr><td colspan="2">商品（FOB）总值（美元）</td><td colspan="2">8,914.00</td><td>最终目的国/地区</td><td colspan="2">新加坡</td></tr>
<tr><td>拟出运日期</td><td>11 月 17 日</td><td colspan="2">转口国(地区)</td><td colspan="3"></td></tr>
<tr><td colspan="7">贸易方式和企业性质（请在适处画“√”）</td></tr>
<tr><td colspan="2">一般贸易</td><td colspan="2">三来一补</td><td colspan="3">其他贸易方式</td></tr>
<tr><td>中资企业</td><td>外资企业</td><td>中资企业</td><td>外资企业</td><td>中资企业</td><td colspan="2">外资企业</td></tr>
</table>

√					
包装数量或毛重或其他数量		8 捆（6,720 码）			
证书种类（画“√”）		√ 一般原产地证明书		加工装配证明书	
现提交中国出口货物商业发票副本一份，一般原产地证明书/加工装配证明书一正三副，以及其他手续附件，请予审核签证。 申请单位：北京大有纺织品进出口公司 申领人（签名） 刘飞燕 电　话：26745895 日　期：2008 年 11 月 6 日					

第五节　运输、保险、通关、装运

一、模拟业务背景

我们继续前一节的实训内容，新加坡客户很快签寄回我方缮制的销售确认书并按时开来信用证，我方备货后安排装运事宜。

二、模拟训练任务

根据所给资料及要求，以大有纺织品进出口公司业务员身份，模拟完成货物装运出口任务（包括办理运输、保险、通关手续，发装运通知等）。

三、模拟训练资料

1. 运输、投保

（1）货物 2008 年 11 月中旬备妥并办完商检、产地证手续；

（2）11 月中下旬开往新加坡港的可选船舶为中远公司“胜利轮”（航次 VH—07861）；

（3）船方确认货物进港及装船日期为 2008 年 11 月 17 日和 18 日；

（4）下货纸（提单）号码为 DR—0319。

2. 通关

（1）货物 2008 年 11 月 14 日办妥运输手续；

（2）报关单预录入编号及海关编号分别为 987456310、432100893；

（3）境内货源地为天津市河北区；

（4）出口收汇核销单号码及集装箱号码分别为 20000176941、SBCS785607。

3. 装运

货物于 11 月 18 日全部如数装船出口。

四、模拟训练，项目

1. 集装箱海运出口托运单

集装箱海运出口托运单具体内容见示例 9—15。

示例 9—15

Shipper（发货人）
BEIJING DAYOU TEXTILES IMPORT & EXPORT CORP.
86，ZHUJIANG ROAD，HAIDIAN DISTRICT，
TIANJIN，CHINA

D/R NO（编号）

Consignee（受货人）
TO ORDER OF SHIPPER

集装箱货物托运单
货主留底

Notify Party（通知人）
OVERSEAS TRADING CO. LTD.，
100 JULAN SULTAN ＃01－20 SULTAN PLAZA
SINGAPORE

Pre-carriaged by（前程运输）　Place of receipt（收货地点）

Ocean Vessel（船名）Voy No（航次）Port of Loading（装货港）
VICTORY　　VH－07861
TIANJIN

Port of Discharge（卸货港）　Place of Delivery（交货地点）　Final Destination（目的地）

SINGAPORE　　SINGAPORE

Container No（集装箱号）	Seal No（封志号）Marks & Nos.（标记与号码）	No. of Containers or P'kgs.（箱数或件数）	Kind of Packages; Description of Goods（包装种类与货名）	Gross Weight（毛重/千克）	Measurement（尺码/立方米）
	O. T. C. SC300762 SINGAPORE NO. 1－8	8	BALES (6，300.00 YARDS) OF BLEACHED SHIRTING "FREIGHT PREPAID"	568.00KGS	34.462FEET 0.975M³

TOTAL NUMBER OF CONTAINERS OR PACKAGES (IN WORDS) 集装箱数或件数合计（大写）	EIGHT BALES ONLY				
FREIGHT & CHARGES（运费与附加费）	Revenue Tons（运费吨）	Rate（运费率）	Per（每）	Prepaid（运费预付）	Collect（到付）

Ex Rate（兑换率）	Prepaid at（预付地点） TIANJIN，CHINA	Payable at（到付地点）	Place of Issue(签发地点) TIANJIN，CHINA
	Total Prepaid（预付总额）	No. Of Original B(S) /L（正本提单份数） THREE	

Service Type on Receiving	Service Type on Delivery	Reefer-Temperature Required（冷藏温度）	. F	. C
□－CY □－CFS □－DOOR	□－CY □－CFS □－DOOR			

<table>
<tr><td rowspan="2">TYPE OF GOODS（货物种类）</td><td colspan="3">□Ordinary，□Reefer，□Dangerous，□Auto.
（普通） （冷藏） （危险品）（裸装车辆）</td><td rowspan="2">危险品</td><td rowspan="2">Class：
Property：
IMDG Code Page：
UN No.</td></tr>
<tr><td colspan="3">□Liquid，□Live animal，□Bulk □ ___
（液体） （活动物） （散货）</td></tr>
<tr><td>可否转船</td><td>NOT ALLOWED</td><td>可否分批</td><td>ALLOWED</td><td colspan="2"></td></tr>
<tr><td>装　期</td><td>NOV. 20，2008</td><td>效　期</td><td>DEC. 05，2008</td><td colspan="2"></td></tr>
<tr><td>金　额</td><td>USD 9，138.20</td><td colspan="2"></td><td colspan="2"></td></tr>
<tr><td>制单日期</td><td>2008－11－06</td><td colspan="2"></td><td colspan="2"></td></tr>
</table>

2. 货物运输投保单

货物运输投保单具体内容见示例 9—16。

示例 9—16

PICC 中国人民保险公司 北京分公司

The People's Insurance Company of China，Beijing Branch

货物运输保险投保单

APPLICATION FORM FOR CARGO TRANSPORTATION INSURANCE

被保险人：

Insured：BEIJING DAYOU TEXTILES IMPORT & EXPORT CORP.

发票号（INVOICE NO.）：DK1073－476

合同号（CONTRACT NO.）：SC300762

信用证号（L/C NO.）：104975

发票金额（INVOICE AMOUNT）： USD 9，138.20 投保加成：（PLUS） 10%

标 记 MARKS & NOS.	数量及包装 QUANTITY	保险货物项目 DESCRIPTION OF GOODS	保险金额 AMOUNT INSURED
O. T. C. SC300762 SINGAPORE NO. 1－8	8 BALES (6,300 YARDS)	SPRING FLOWER BRAND BLEACHED SHIRTING	USD 10,052.00

兹有下列货物向　　　投保。（INSURANCE IS REQUIRED ON THE FOLLOWING COMMODITIES）

启运日期：　　　　　　　　　装载运输工具：

DATE OF COMMENCEMENT： AS PER B/L PER CONVEYANCE： VICTORY (VH—07861)

自　　　　　经　　　　　至

FROM TIANJIN VIA ______ TO SINGAPORE

提单号：　　　　　　　赔款偿付地点：

B/L NO.： DR－0319 CLAIM PAYABLE AT：SINGAPORE

投保险别：（PLEASE INDICATE THE CONDITIONS &/OR SPECIAL COVERAGES）

ALL RISKS AND WAR RISK AS PER CIC 1/1/1981

请如实告知下列情况：（如“是”在（ ）中打“√”“不是”打“×”）IF ANY，PLEASE MARK “√” OR “×”

（1）货物种类：袋装（ ）散装（ ）冷藏（ ）液体（ ）活动物（ ）机器/汽车（ ）危险品等级（ ）

GOODS：(BAG/JUMBO)（BULK）（REEFER）（LIQUID）（LIVE ANIMAL）（MACHINE/AUTO）（DANGEROUS CLASS）

(2) 集装箱种类：普通（ ）开顶（ ）框架（ ）平板（ ）冷藏（ ）

CONTAINER：(ORDINARY)（OPEN）（FRAME）（FLAT）（REFRIGERATOR）

(3) 转运工具：海轮（ ）飞机（ ）驳船（ ）火车（ ）汽车（ ）

BY TRANSIT：(SHIP)（PLANE）（BARGE）（TRAIN）（TRUCK）

(4) 船舶资料：船籍（ ）船龄（ ）

PARTICULAR OF SHIP：(REGISTRY)（AGE）

备注：被保险人确认对本保险合同条款和内容已经完全了解。

投保人（签名盖章）APPLICANTS' SIGNATURE

THE ASSURED CONFIRMS HEREWITH THE

TERMS AND CONDITIONS OF THESE INSURANCE

CONTRACT FULLY UNDERSTOOD　　电话：(TEL)

投保日期（DATE）NOV. 15，2008　　地址：(ADD)

3. 出口货物报关单

出口货物报关单具体内容见示例 9—17。

示例 9—17

中华人民共和国海关出口货物报关单

预录入编号：987456310　　海关编号：432100893

出口口岸 天津海关	备案号		出口日期 08－11－18	申报日期 08－11－17
经营单位 北京大有纺织品进出口公司	运输方式 江海		运输工具名称 胜利	提运单号 DR－0319
发货单位 北京大有纺织品进出口公司	贸易方式 一般贸易		征免性质 一般征税	结汇方式 信用证
许可证号	运抵国（地区） 新加坡		指运港 新加坡	境内货源地 天津
批准文号 核销单号 20080176941	成交方式 CIF	运费 000/	保费 000/	杂费 000/
合同协议号 SC300762	件数 8	包装种类 包(捆)	毛重（公斤） 568	净重（公斤） 552
集装箱号 SBCS785607	随附单据			生产厂家 天津纺织十五厂
标记唛码及备注				

项号	商品编号	商品名称	数量及单位	最终目的国（地区）	单价	总价	币制	征免
01	1376.0001	漂布	6,720码	新加坡	1.36	9,138.20	美元	照章

税费征收情况	
录入员：　录入单位：　　兹声明以上申报无讹 报关员：张　明 单位地址：　　申报单位（签章）　（略） 邮编：　电话：　　填制日期：2008－11－16	海关审单批注及放行日期（签章） 审单　　审价 征税　　统计 查验　　放行

4．装运通知书

装运通知书具体内容见示例9—18。

示例9—18

北京大有纺织品进出口公司

BEIJING DAYOU TEXTILES IMPORT & EXPORT CORP.

86，ZHUJIANG ROAD，HAIDIAN DISTRICT，BEIJING，CHINA

SHIPPING ADVICE

MESSRS： INV NO.：

DK1073－476

OVERSEAS TRADING CO. LTD.，

100 JULAN SULTAN ＃01－20 SULTAN PLAZA，SINGAPORE

DEAR SIRS,

RE：L/C NO. 104975

AS REQUESTED BY THE ABOVE CREDIT，WE HEREBY DECLARE THAT THE FOLLOWING GOODS HAVE BEEN SHIPPED TODAY.

COMMODITY：SPRING FLOWER BRAND BLEACHED SHIRTING

QUANTITY：8 BALES (6，300 YARDS)

VALUE：USD 9，138.20

CONVEYANCE：VICTORY (VH－07861)

PORT OF LOADING：TIANJIN，CHINA

DESTINATION：SINGAPORE

INSURANCE：ALL RISKS AND WAR RISK AS PER CIC 1/1/1981

CONSIGNEE：TO ORDER OF SHIPPER

SHIPPING MARK：

O. T. C.
SC300762
SINGAPORE
NO. 1－8

BEIJING DAYOU TEXTILES IMPORT & EXPORT CORP.

第六节　制单结汇

一、模拟业务背景

我们继续前面的实训内容，货物发出后我方着手制单结汇。

二、模拟训练任务

根据所给资料及要求，以大有纺织品进出口公司业务员身份，模拟完成整理、制作出口结汇单据事项，办理出口结汇手续。

三、模拟训练资料

参考本章其他节的信用证、商检、通关与装船资料。

四、模拟训练项目

阅读信用证，根据信用证中的单据要求制作合格单证，在信用证交单日内制作出汇票并带齐信用证下的其他合格单据到银行交单议付。

1. 出口交单联系单

出口交单联系单具体内容见示例 9—19。

示例 9—19

第 0074 号

中国银行：

兹奉送下述出口单据，请于审核无误后代向国外收款。

北京大有纺织品进出口公司

2008 年 11 月 26 日

开证行：BANK OF CHINA，SINGAPORE

信用证号码：104975

金额：USD 9，139.20

开证日期：OCT. 11，2008

船名：胜利（VICTORY）装期：08－11－20 效期：08－12－05

单据名称	提单	商业发票	海关发票	装箱单	重量单	尺码单	保险单	一般原产地证	普惠制产地证	装船通知	商检证	受益人证明	船行证明	
份数	2	2		2			2	2						
单证存在的问题：														

2. 发票

发票具体内容见示例 9—20。

示例 9—20

北京大有纺织品进出口公司

BEIJING DAYOU TEXTILES IMPORT & EXPORT CORP.

86，ZHUJIANG ROAD，HAIDIAN DISTRICT，BEIJING，CHINA

发 票

INVOICE

S/C NO：SC300762

INV. NO.：DK1073－476

Date：NOV. 6，2008

From BEIJING，CHINA to SINGAPORE

For account and risk of Overseas Trading Co. LTD.，

100 JULAN SULTAN ＃01－20 SULTAN PLAZA，SINGAPORE

MARKS & NOS	DESCRIPTION	AMOUNT
O. T. C. SC300762 SINGAPORE NO. 1－8	8 BALES（6，720 YARDS）OF SPRING FLOWER BRAND BLEACHED SHIRTING AS PER SC300762. PACKED IN BALES OF 20 PCS EACH USD1. 36 PER YARD	CIF SINGAPORE USD 9139. 20

BEIJING DAYOU TEXTILES IMPORT & EXPORT CORP.

3. 装箱单

装箱单具体内容见示例 9—21。

示例 9—21

北京大有纺织品进出口公司

BEIJING DAYOU TEXTILES IMPORT & EXPORT CORP.

86，ZHUJIANG ROAD，HAIDIAN DISTRICT，BEIJING，CHINA

装箱单

PACKING LIST

INV. No：DK1073－476

Date：NOV. 6，2008

MARKS & NOS	DESCRIPTION
O. T. C. SC300762 SINGAPORE NO. 1－8	8 BALES（6，720 YARDS) OF SPRING FLOWER BRAND BLEACHED SHIRTING PACKED IN BALES OF 20 PCS EACH 19” X17” X23” G. W.：71. 0KGS，N. W.：69. 0KGS TOTAL G. W.：568. 0KGS N. W.：552. 0KGS M：34. 462FEET3

BEIJING DAYOU TEXTILES IMPORT & EXPORT CORP.

4. 原产地证明书

原产地证明书具体内容见示例 9—22。

示例 9—22

<table>
<tr>
<td colspan="2">1. Exporter (full name and address)
BEIJING DAYOU TEXTILES IMPORT & EXPORT CORP.
86, ZHUJIANG ROAD, HAIDIAN DISTRICT, BEIJING, CHINA</td>
<td colspan="3" rowspan="2">CERTIFICATE No. ××××××××

CERTIFICATE OF ORIGIN
OF
THE PEOPLE'S REPUBLIC OF CHINA</td>
</tr>
<tr>
<td colspan="2">2. Consignee (full name and address)
OVERSEAS TRADING CO. LTD.,
100 JULAN SULTAN #01－20 SULTAN PLAZA SINGAPORE</td>
</tr>
<tr>
<td colspan="2">3. Means of transport and route
BY SEA
FROM TIANJIN TO SINGAPORE</td>
<td colspan="3" rowspan="2">5. For certifying authority use only</td>
</tr>
<tr>
<td colspan="2">4. Destination port
SINGAPORE</td>
</tr>
<tr>
<td>6. Marks and numbers of packages

O. T. C.
SC300762
SINGAPORE
NO. 1－8</td>
<td>7. Description of goods; Number and kind of packages;

8 BALES (6,720 YARDS) OF BLEACHED SHIRTING
……</td>
<td>8. HS CODE

1376. 0001</td>
<td>9. Quantity or weight

568. 00KGS</td>
<td>10. Number and date of invoices

DK1073－476
NOV. 6, 2008</td>
</tr>
<tr>
<td colspan="2">11. Declaration by the exporter
The undersigned hereby declares that the above details and statements are correct; that all the goods were produced in China and that they comply with the Rules of Origin of the People's Republic of China

BEIJING, NOV. 9, 2008
Place and date, signature and stamp of authorized signatory</td>
<td colspan="3">12. Certification
It is hereby certified that the declaration by the exporter is correct

BEIJING, NOV. 9, 2008
Place and date, signature and stamp of certifying authority</td>
</tr>
</table>

5. 提单

提单具体内容见示例 9—23。

示例 9—23

Shipper
BEIJING DAYOU TEXTILES IMPORT & EXPORT CORP. LTD
10 ZHUJIANG ROAD，HAIDIAN DISTRICT，TIANJIN，CHINA

B/L NO KC—345

中国远洋运输（集团）总公司
CHINA OCEAN SHIPPING (GROUP) CO
Combined Transport BILL OF LADING

Consinee
TO ORDER OF SHIPPER

Notify Party
OVERSEAS TRADING CO. LTD.，
100 JULAN SULTAN ＃01－20 SULTAN PLAZA，SINGAPORE

Pre-carriage by　　Place of receipt

Ocean Vessel　Voy No　Port of Loading
VICTORY　VH—07861　TIANJIN，CHINA

Port of Discharge	Place of Delivery	Final Destination
SINGAPORE		

Marks & nos container Seal no.	No. of Containers or P'kgs	Kind of Packages；Description of Goods	Gross Weight	Measurement
O. T. C. SC300762 SINGAPORE NO. 1—8	8	BALES（6，300. 00YARDS) OF BLEACHED SHIRTING "FREIGHT PREPAID"	568. 00KGS	0. 975M3

TOTAL NUMBER OF CONTAINERS OR PACKAGES（IN WORDS)　EIGHT BALES ONLY

FREIGHT & CHARGES	Revenue Tons	Rate	Per	Prepaid	Collect
Ex Rate	Prepaid at TIANJIN	Payable at		Place and date of Issue TIANJIN NOV. 18，2008	
	Total Prepaid	No. Of Original B(S) /L THREE		Signed for the Carrier	

LADEN ON BOARD THE VESSEL
DATE　　BY　　(TERMS PLEASE FIND ON BACK OF ORIGINAL B/L)
(COSCO STANDARD FORM 11)

6. 保险单

保险单具体内容见示例 9—24。

示例 9—24

PICC 中国人民保险公司北京分公司

The People's Insurance Company of China，Beijing Branch

货物运输保险单

CARGO TRANSPORTATION INSURANCE POLICY

发票号（INVOICE NO.）：DK1073－476　　保单号次：

合同号（CONTRACT NO.）：SC300762　　POLICY NO. 9876543210

信用证号（L/C NO.）：104975

被保险人：

Insured：BEIJING DAYOU TEXTILES IMPORT & EXPORT CORP.

中国人民保险公司（以下简称本公司）根据被保险人的要求，由被保险人向本公司缴付约定的保险费，按照本保险单承保险别和背面所列条款与下列特款承保下述货物运输保险。特立本保险单。

THIS POLICY OF INSURANCE WITNESSES THAT THE PEOPLE'S INSURANCE COMPANY OF CHINA（HEREINAFTER CALLED "THE COMPANY"）AT THE REQUEST OF INSURED AND IN CONSIDERATION OF THE AGREED PREMIUM PAID TO THE COMPANY BY THE INSURED UNDERTAKES TO INSURE THE UNDERMENTIONED GOODS IN TRANSPORTATION SUBJECT TO THE CONDITIONS OF THIS POLICY AS PER THE CLAUSES PRINTED OVERLEAF AND OTHER SPECIAL CLAUSES ATTACHED HEREON.

标　记 MARKS & NOS.	数量及包装 QUANTITY	保险货物项目 DESCRIPTION OF GOODS	保险金额 AMOUNT INSURED
O. T. C. SC300762 SINGAPORE NO. 1－8	8 BALES (6,300 YARDS)	SPRING FLOWER BRAND BLEACHED SHIRTING	USD 10，052.00

总保险金额：

TOTAL AMOUNT INSURED：SAY US DOLLARS TEN THOUSAND AND FIFTY-TWO ONLY

保费：　　启运日期：　　装载运输工具：

PREMIUM：AS ARRANGED DATE OF COMMENCEMENT：AS PER B/L PER CONVEYANCE：VICTORY（VH－07861）

自　　经　　至

FROM TIANJIN，CHINA VIA ______ TO SINGAPORE

承保险别：

CONDITIONS：

ALL RISKS AND WAR RISK AS PER CIC 1/1/1981

所保货物，如发生保险单项下可能引起索赔的损失或损坏，应立即通知本公司下述代理人查勘。如有索赔应向本公司提交保险单正本（共 2 份）及有关文件。如一份正本已用于索赔，其余正本自动失效。

IN THE EVENT OF LOSS DAMAGE WHICH MAY RESULT IN A CLAIM UNDER THIS POLICY，IMMEDIATE NOTICE MUST BE GIVEN TO THE COMPANY AGENT AS MENTIONED HEREUNDER CLAIMS IF ANY，ONE OF THE ORIGINAL POLICY WHICH HAS BEEN ISSUED IN 2 ORIGINAL TOGETHER WITH RELEVANT DOCUMENTS SHALL BE SURRENDERED TO THE COMPANY IF THE ORIGINAL POLICY HAS BEEN ACCOMPLISHED，THE OTHERS TO BE VOID.

赔款偿付地点：

CLAIM PAYABLE AT：SINGAPORE　　中国人民保险公司天津市分公司

出单日期：　　The People's Insurance Company of China

ISSUING DATE：NOV. 15，2008　　BEIJING Branch

7. 汇票

汇票具体内容见示例 9—25。

示例 9—25

No. DK1073—476

Exchange for USD9，139.20

BEIJING _ _ _ _

At 30 DAYS sight of this Second of Exchange

(First of the same tenor and date unpaid)，pay to the order of

BANK OF CHINA，BEIJING BRANCH the sum of

SAY US DOLLARS NINE THOUSAND ONE HUNDRED AND THIRTY-NINE 20% ONLY

Drawn under BANK OF CHINA，SINGAPORE

IRREVOCABLE LETTER OF CREDIT NO. 104975

DATED OCT. 11，2008

To BANK OF CHINA，SINGAPORE

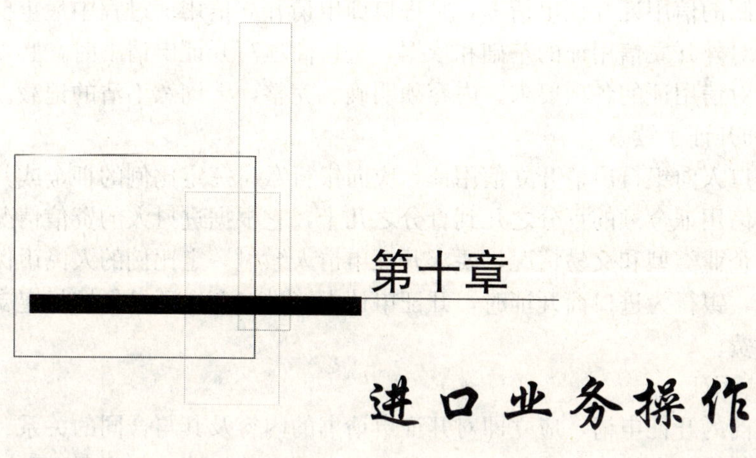

第十章 进口业务操作

[实训要点]

1. 申请开立信用证

2. 进口业务流程

进口合同签订以后，买卖双方都应按照买卖合同的规定，履行各自的合同义务。我国进口业务，大多采用 FOB 价格条件和信用证支付方式成交。按此种进口合同，外贸进口公司（合同买方）履行合同的基本程序是：申请开立信用证——租船订舱和催装——办理保险——审单付款——报关报验——接货拨交——索赔。

第一节 申请开立信用证

我国进口贸易，一般采用信用证支付方式。以这种方式成交，进口商必须在进口合同签订后，及时到银行办理信用证开证申请手续，以便国外客户（卖方）及时收到信用证，履行合同交货义务。

一、申请开立信用证的程序

进口商申请开立信用证的程序包括以下四个方面。

（一）递交有关合同的副本及附件

进口商在向银行申请开立信用证时，应向银行递交有关的进口合同副本及附件，如进口许可证、进口配额证（进口许可证涉及配额商品时）、某些部门的批文等。

（二）填写信用证开证申请书

填写银行统一印制的信用证开证申请书，是进口商申请开立信用证过程中最重要的工作。它是开证银行对外开立信用证的基础和依据。进口商填写开证申请书时，必须按合同条款规定，写明对信用证的各项要求。内容须明确、完整，无词意不清的记载。

（三）交纳押金和开证手续费

按国际惯例，进口人向银行申请开立信用证，应向银行缴付一定比例的押金或其他担保金。押金一般为信用证金额的百分之几到百分之几十，它根据进口人的资信情况而定。我国开证行根据企业类型和交易情况，要求开证申请人缴付一定比例的人民币保证金，然后开证。此外，银行为进口商开证时，开证申请人（进口商）还必须按规定支付一定金额的开证手续费。

（四）银行开立信用证

开证行收到进口商的开证申请，应立即对开证申请书的内容及其与合同的关系、开证申请人的资信状况等进行审核；在确信可以接受开证申请人的申请并收到开证申请人提交的押金及开证手续费后，即向信用证受益人开出信用证，并将信用证正本寄交（有时使用电传开证）受益人所在地分行或代理行（统称通知行），由通知行将信用证通知受益人。

申请开立信用证的时间须按合同规定。合同没有规定时，一般是在合同规定的装运期前一个月到一个半月左右。

二、开证申请书的填写

业务中，进口商填写的开证申请书为一式三份，一份留业务部门，一份留财会部门，一份交银行。开证申请书，应以合同为依据，按合同各项规定和要求填写。开证申请书的内容包括两部分。

一部分是要求开立信用证的内容。也就是开证申请人按照买卖合同条款，要求开证行在信用证上列明的条款，是开证行凭以向受益人或议付行付款的依据。

另一部分是开证申请人对开证行的声明或具结，用以明确双方的责任。其主要内容是开证申请人承认开证行在其付清货款赎单之前，对单据及单据所代表货物有所有权；开证申请人保证单据到达后，如期付款赎单，否则，开证行有权没收开证申请人所交付的押金和抵押品，将其作为开证申请人应付价金的一部分。

信用证开证申请书使用英文填写。各地使用的信用证开证申请书格式虽有所不同，但其内容及填写方法基本一致，现介绍如下。

（1）申请开证的时间（Date）。按实际申请开证时间填写，一般合同规定为交货期前一个月。

（2）开证（传递）方式（By）。信用证开证（传递）的具体方式一般已经印好，需要哪种方式在哪种方式前画“√”或“×”即可。

（3）信用证性质、号码。信用证性质，如是保兑的或可转让的必须写上。信用证号码，由开证行填写。

（4）申请人（Applicant）、受益人（Beneficiary）。须按合同分别填写申请人和受益人的详细名称、地址（包括电话、传真、E-mail）。

（5）通知行（Advising Bank）。开证行填写。

（6）信用证有效期（Date of Expiry）、到期地点（Place of Expiry）。一般按合同填

写。(有效期多为装运期后 15 天，到期地点一般为议付行（出口商）所在地。)

(7) 金额（Amount)。分别用数字和文字两种形式表示（表明币种），与合同金额一致。

(8) 汇票条款（Draft (s)...）。分别在汇票期限、受票人等选项前画“√”（“×”），并或填写空白项目。如：AVAILABLE BY YOUR DRAFT (S) DRAWN [ ] AT SIGHT/ [√] 60 DAYS AFTER SIGHT ON [V] US/ [ ] ADVISING BANK/ [ ] APPLICANT FOR100% OF INVOICE VALUE。

(9) 单据条款（Accompanied By...）。根据需要选择 A1 至 A9 以及 AA 至 AB 中需随汇票提供的单据，在单据名称选项前划“√”（“×”），并在其后空白栏中填写所需单据份数，选择或填写所需单据出单单位及或所出单据内容。如：[√] SIGNED COMMERCIAL INVOICE IN 3 COPIES INDICATING CONTRACT NO. 12345 。如需提供上述单据以外的单据，可选“OTHER DOCUMENTS”选项，并在该选项空白处填写所需的其他单据名称、份数以及其他要求。

(10) 货物条款（Evidencing Shipment of...）。按合同填写货物名称、规格，同时按提示分别填写货物的包装、价格、运输标志等。

(11) 附加条款（Special Instructions）。需要时，按印好的选项提示选填。

(12) 交单期限（Documents Should Be Presented Within...）。一般填写 15 天。

(13) 运输条款（Shipment From... To...）。按合同填写货物装运港、目的港、装运期，并按合同选择是否允许分批及或转运。

(14) 其他：开户银行及账号（Account No... with...）。按实际填写。

三、修改信用证

当我方通过银行开出信用证后，有时国外卖方会向我方提出修改信用证要求。对此，我方需根据具体情况进行处理。

(1) 一般情况下应尽量避免修改信用证。修改信用证不仅会使买方负担一笔可观的银行费用，还会直接或间接地影响到合同的履行。如果卖方来电要求改证，但我方经仔细研究审核后认为对方的要求不合理，或根本就没有修改的必要，可以拒绝。

(2) 必须改证时要按国际惯例办事。如果对方提出的修改有合理而充分的理由，或提出由对方负担相关的费用等补偿措施，改证对我方不会造成直接或间接的损失，我方应同意改证，并按照国际惯例具体办理。

(3) 对方的改证请求与实际操作须符合国际惯例。申请改证的一方其申请手续和具体做法必须符合国际惯例，否则我方可以拒绝改证。如对方要求修改的内容没有一次性提出，对修改通知在超过合理时间后没有提出不接受等，我方均可拒绝且不需承担责任。

第二节　租船订舱与投保

按 FOB 进口货物，货物的运输、保险手续由我方办理。

一、租船订舱

按合同规定，FOB 条件下出口方应在交货前一定时期内，将预计装运日期通知进口方。进口方接到通知后，应及时向船方办理租船订舱手续。我国进口业务的租船订舱手续一般由外贸进出口公司委托外运公司办理。具体手续为：外贸进出口公司收到国外出口商发来的预计装运日期通知后，先按合同填写“进口订舱联系单”，然后将其连同进口合同副本送交外运公司，委托其具体安排进口货物运输事宜。“进口订舱联系单”格式内容比较简单，买方根据提示按实际填写即可。

FOB条件下，买方在办妥租船订舱手续后，应在规定的期限内将船名、船期、船籍、船舶、吃水深度、转载重量、到达港口等事项及时通知卖方，并催告卖方如期装船。

二、投保

按FOB条件进口，货物在装运港装船越过船舷，风险即由卖方转移给我方。为转移货物海上运输风险，我方一般需向保险公司办理进口货物海上运输保险。对于进口货物运输保险，我国目前有预约保险和逐笔保险两种做法。

（一）预约保险

预约保险适用于经常有货物进口的外贸公司或企业。预约保险的做法是：外贸公司或企业同保险公司签订预约保险合同，规定总的保险范围、保险期限、保品种类、总保险限额、运输工具、航程区域、保险条件、保险费率、适用条款、赔偿结算支付办法。投保单位在接到国外出口商的装船通知后，填写“国际运输预约保险起运通知书”送交保险公司，保险公司签章确认办妥保险手续。

（二）逐笔保险

逐笔保险适用于临时办理进口货物运输保险的单位。办理进口货物逐笔保险时，投保人必须在接到国外出口商的装船通知后，向保险公司索取“进口货物国际运输起运通知书”。填写后，交保险公司。保险公司接受承保后，向投保人签发保险单，保险责任开始。

第三节　审单付汇

在信用证付款方式下，国外发货人（出口商）将货物交付装运后，即将汇票和各项单据提交开证行或其他指定银行。开证行应在规定的工作日内完成对货物单据的审核，决定接受还是拒绝出口商的单据。如果审核无误，开证行即须接受单据，履行信用证下汇票付款、承兑义务，然后要求进口商付款赎单。

一、审单付汇程序

进口货物单据审核，是进口合同履行过程中的一个重要环节。信用证支付方式中，进口货物单据审核由开证银行和进口企业共同进行。开证行对单据进行初审，进口商对单据进行复审，具体程序如下。

（一）开证行审单

我国进口业务大多采用信用证付款方式。国外出口人将货物装运后，即将全套单据和汇票交出口地银行转我方进口地开证行或指定付款行收取货款。按照我国现行的做法，开证行收到国外寄来的全套单证后，要根据信用证条款全面逐项审核单据与信用证之间、单据与单据之间在表面上是否相符，重点包括以下几点。

(1) 单据的种类、份数与信用证要求及议付行寄单回函所列是否相符；

(2) 汇票、发票上的金额是否一致，与信用证规定的最高金额相比是否超额，与议付行寄单回函所列金额是否一致；

(3) 单据中对货名、规格、数量、包装等的描述是否与信用证要求相符；

(4) 货运单据的出单日期及内容是否与信用证相符；

(5) 货运单据及保险单据等其他单据的背书是否有效。

开证行如审单无误，即将上述单证交进口人进行复审，同时准备履行付款责任。如审单发现单据表面与信用证规定不符，开证行可直接拒付。(实际业务中，开证行往往先与我进口企业联系，征求进口企业的意见。)

(二) 进口企业审单

进口企业收到开证行交来的全套货物单据和汇票后，根据合同和信用证规定认真审核出口商提交的单据。审核各种单据的内容是否符合信用证要求，单据的种类和份数是否齐全，即单证（单同）是否一致。同时，以商业发票为中心，将其他单据与之对照，审核单单是否一致。进口企业审单后，如在 3 个工作日内没有提出异议，开证行即按汇票履行付款或承兑的义务。

二、审单要点

我国进口业务审单主要审核国外出口商提交的汇票、发票、提单等。审单的目的是为了确定它们是否做到了“严格相符”(即单证一致、单单一致、单货一致)，从单据上确定出口商是否履行了合同义务和决定是否应该对其付款。不同进口单据审核要点如下。

(一) 海运提单

提单是物权凭证，是出口人凭以议付货款和持单人（进口商）凭以提货的重要单据。

(二) 汇票

国际贸易中采用信用证托收支付方式一般都用跟单汇票。信用证项下，汇票除载明一般内容外，还应注明信用证开证日期、开证行名称及信用证号码等。托收项下，汇票除载明一般内容外，通常也注明合同号码、商品名称、数量等。

(三) 商业发票

商业发票是单据的中心和交易情况的总说明。商业发票的记载必须详尽，计算必须正确，特别是货物的描述必须与信用证规定完全相符。

(四) 保险单

在按 CIF 条件进口时，国外出口商须向我方提交保险单。

(五) 其他单证

其他如装箱单、商检证、产地证等须审核其是否由信用证规定的机构签发，有关单证的名称、份数是否与信用证规定相符，单据上注明的货物名称、品质、数量、唛头等是否与信用证及其他有关单据内容相一致。

三、“不符”的处理

进口交易中，银行如审核确认出口商提交单据无误，便按汇票付款或承兑，然后通知进口商付款赎单。如审核发现不符，银行一般会找进口商征求其对“不符”单据的处理意见。出现卖方所交单据“不符”时，我方应在《UCP600》及国际惯例基础上，根据“不符”性质作出适当处理。

(一)“不符”性质严重

如出现所交单据份数或种类与信用证规定不符，货款金额大于信用证金额，单据中重要项目的内容与信用证规定不符，或单据之间相同项目的填写不一致，我方可拒绝接受单据并拒付全部货款。

(二)“不符”性质不太严重

如果“不符”性质不太严重，可按下列方法处理：

(1) 部分付款、部分拒付。如果卖方提供的单据“不符”性质不太严重，买方一般不宜全部拒付。此时可采取部分付款、部分拒付的办法解决这种问题。

(2) 货到检验合格付款。即买方向银行提出，货到后，经检验，所到货物符合合同规定，再接受单据，支付货款。

(3) 凭担保付款。即要求卖方或议付行出具货物与合同相符的担保，然后凭此担保付款。

(4) 更正单据后付款。如“不符”系打印错误，在时间允许的情况下，可在卖方更改单据后付款。

第四节　报关、报验、提货

进口货物到达目的港后，进口商应按国家法律规定办理货物进口报关、报验手续。

一、进口报关

进口报关指进口货物的收货人或其代理人向海关交验有关单证，办理进口货物申报手续。按海关法，进口货物报关手续应于运输货物的工具申报进境之日起 14 日内进行。报关时，收货人应填写“进口货物报关单”，向海关提交提货单、发票、包装单、进口货物许可证。

海关在接受申报后，对进口货物进行实际核对查验。如货物符合国家进口规定，于收货人缴纳关税后，在货运单上签字盖章放行。收货人持此单提取进口货物。

二、进口报验

按《商检法》规定，进口货物到岸后，进口企业须向卸货口岸或目的地商检机构办理登记。商检机构在报关单上加盖“已接受登记”印章，海关凭报关单上的印章验放。法定检验商品登记后，进口人须在规定时间、地点持有关单据到商检机构报验，接受商检机构对货物的检验。检验地点一般在合同约定地点进行，也可在卸货口岸、目的地、商检机构指定地点或收货人所在地检验。卸货时如发现货物有残损短缺，进口企业应及时向口岸商检机构申请检验，获取残损证书，以备索赔之用。

三、卸货与提货

进口货物到港后，船公司向进口人发出到货通知。进口货物卸货由港方负责。卸货时，进口人须会同港方仔细核对货物。如发现短缺，填写“短缺报告”交船方签字；如发现残损，则应将货存放于海关指定仓库，通知保险公司、商检局等有关单位进行检验，确定残损原因、程度及索赔对象，凭商检机构出具的检验或鉴定证书，向国外有关责任方提出索赔。

进口人办理好进口报关手续后，即可凭海关盖有放行章的提单到港口码头办理提货手续。

模拟实训题

如何开出信用证？信用证有哪些主要内容？

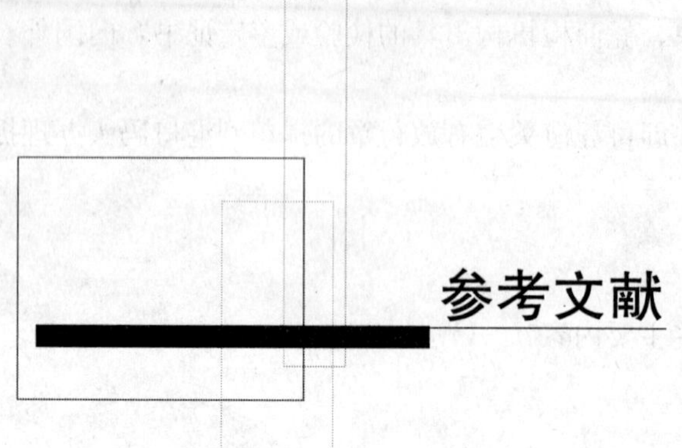

参考文献

1. 黎孝先．国际贸易实务．北京：对外经济贸易大学出版社，2007.

2. ［美］爱德华·G·辛克尔曼．国际贸易单证——进出口、运输和银行单证．北京：经济科学出版社，2003.

3. 祝卫．国际贸易实务操作能力．上海：上海人民出版社，2006.

4. 武芳．如何进行国际贸易操作．北京：北京大学出版社，2005.

5. ［英］托德．现代提单的法律与实务．大连：大连海运学院出版社，1992.

6. 幸理．国际贸易实务实训教程．武汉：华中科技大学出版社，2006.

7. 周树玲．外贸单证实务．北京：对外经济贸易大学出版社，2002.

8. 金镝，朱芸．国际贸易模拟操作．重庆：重庆大学出版社，2005.

9. 周桂荣．国际贸易实务单证操作教程．天津：南开大学出版社，2003.

10. 杨占林．国际物流铁路运输操作实务．北京：对外经济贸易大学出版社，2008.

11. 严思忆，李宝柱，陈波．国际货物贸易单证实务．北京：对外经济贸易大学出版社，2007.

12. 严思忆．中小企业外贸操作指南．北京：对外经济贸易大学出版社，2007.

13. 严思忆．国际结算．北京：对外经济贸易出版社，2008.

图书在版编目（CIP）数据

国际贸易实务实训教程/李宝柱编著．—北京：中国人民大学出版社，2011
21世纪高职高专规划教材．国际经济与贸易系列
ISBN 978-7-300-14488-7

Ⅰ．①国… Ⅱ．①李… Ⅲ．①国际贸易—贸易实务—高等职业教育—教材 Ⅳ．①F740.4

中国版本图书馆CIP数据核字（2011）第201369号

21世纪高职高专规划教材·国际经济与贸易系列
国际贸易实务实训教程
李宝柱　编著

出版发行	中国人民大学出版社		
社　　址	北京中关村大街31号	**邮政编码**	100080
电　　话	010－62511242（总编室）		010－62511398（质管部）
	010－82501766（邮购部）		010－62514148（门市部）
	010－62515195（发行公司）		010－62515275（盗版举报）
网　　址	http：//www.crup.com.cn		
	http：//www.ttrnet.com（人大教研网）		
经　　销	新华书店		
印　　刷	北京七色印务有限公司		
规　　格	185 mm×260 mm　16开本	**版　　次**	2012年7月第1版
印　　张	10.25	**印　　次**	2012年7月第1次印刷
字　　数	238 000	**定　　价**	20.00元

教师信息反馈表

为了更好地为您服务，提高教学质量，中国人民大学出版社愿意为您提供全面的教学支持，期望与您建立更广泛的合作关系。请您填好下表后以电子邮件或信件的形式反馈给我们。

<table>
<tr><td>您使用过或正在使用的我社教材名称</td><td></td><td>版次</td><td></td></tr>
<tr><td>您希望获得哪些相关教学资料</td><td colspan="3"></td></tr>
<tr><td>您对本书的建议（可附页）</td><td colspan="3"></td></tr>
<tr><td>您的姓名</td><td colspan="3"></td></tr>
<tr><td>您所在的学校、院系</td><td colspan="3"></td></tr>
<tr><td>您所讲授课程的名称</td><td colspan="3"></td></tr>
<tr><td>学生人数</td><td colspan="3"></td></tr>
<tr><td>您的联系地址</td><td colspan="3"></td></tr>
<tr><td>邮政编码</td><td></td><td>联系电话</td><td></td></tr>
<tr><td>电子邮件（必填）</td><td colspan="3"></td></tr>
<tr><td>您是否为人大社教研网会员</td><td colspan="3">□ 是，会员卡号：________
□ 不是，现在申请</td></tr>
<tr><td>您在相关专业是否有主编或参编教材意向</td><td colspan="3">□ 是 □ 否
□ 不一定</td></tr>
<tr><td>您所希望参编或主编的教材的基本情况（包括内容、框架结构、特色等，可附页）</td><td colspan="3"></td></tr>
</table>

我们的联系方式： 北京市海淀区中关村大街 31 号
中国人民大学出版社教育分社
邮政编码：100080
电　　话：010-62515913
网　　址：http://www.crup.com.cn/jiaoyu/
E-mail:jyfs_2007@126.com